D'accord!

Langue et culture du monde francophone

Answer
Key

© 2015 by Vista Higher Learning, Inc.

All rights reserved. No part of this work may be reproduced or distributed in any form or by any means, electronic or mechanical, including photocopying, recording, and information storage and retrieval, without prior written permission from Vista Higher Learning, 500 Boylston Street, Suite 620, Boston, MA 02116-3736.

Printed in the United States of America.

ISBN: 978-1-61857-018-4

VISTA
HIGHER LEARNING

ISBN: 978-1-62680-204-9

5 6 7 8 9 10 BB 18 17 16 15

Table of Contents

Unité 1 Leçon 1A

POUR COMMENCER

b, b, a

CONTEXTES

Mise en pratique

1 1. d 2. c 3. d 4. b 5. a 6. d 7. d 8. c

2 1. Je m'appelle Thérèse. 2. Je vous en prie.
3. Comme ci, comme ça. 4. Bonsoir, Monsieur.
5. Enchanté. 6. À demain. 7. Pas mal. 8. Il n'y a
pas de quoi. 9. Très bien. Et vous?
10. À bientôt.

ROMAN-PHOTO

1 Answers may vary. 1. Vrai. 2. Vrai. 3. Faux.
David est américain. 4. Vrai. 5. Faux. Rachid
présente son ami David à Sandrine et à Amina.
6. Faux. Stéphane est au lycée. 7. Faux. Il y a un
problème avec l'examen de français. 8. Faux.
Amina, Rachid et Sandrine sont à Aix-en-
Provence. 9. Vrai. 10. Vrai. 11. Vrai. 12. Faux.
Rachid a cours de sciences politiques dans 30
minutes.

2 1. Bienvenue 2. capitale 3. Voici 4. ai 5. est

CULTURE

1 1. Vrai. 2. Faux. They usually shake hands.
3. Vrai. 4. Vrai. 5. Vrai. 6. Faux. A French
handshake is brief and firm. 7. Vrai. 8. Faux.
Each kiss is accompanied by a slight
kissing sound.

2 1. Switzerland 2. Northern Africa 3. Sub-
Saharan Africa 4. France 5. Quebec Province

STRUCTURES

1A.1 Essayez!

2. la 3. l' 4. l' 5. les 6. le 7. les 8. la

2. une 3. un 4. des 5. des 6. une 7. un 8. des

1A.1 Mise en pratique

1 1. les actrices 2. le lycée 3. la différence 4. les
choses 5. les bureaux 6. les cafés 7. la librairie
8. les facultés 9. l'acteur 10. les amis 11. les
universités 12. le tableau 13. les problèmes
14. la bibliothèque

2 Answers may vary slightly. Suggested answers:
1. la faculté, les ordinateurs 2. le petit ami 3. la
sociologie, la bibliothèque

3 une amie; des bureaux; un café; une chose; une
faculté; un lycée; des objets; des ordinateurs; une
librairie; un tableau

4 1. Ce sont des tables. 2. Ce sont des étudiants.
3. C'est un tableau. 4. C'est une télévision.
5. C'est une bibliothèque/un étudiant. 6. C'est
un café./Ce sont des cafés.

5 1. C'est un instrument. 2. Ce sont des animaux.
3. C'est un examen. 4. C'est une bibliothèque.
5. Ce sont des actrices. 6. Ce sont des chanteurs.

1A.2 Essayez!

2. six 3. vingt-deux 4. cinq 5. douze 6. huit
7. trente 8. vingt et un 9. un 10. dix-sept
11. quarante-quatre 12. quatorze 13. trente-
huit 14. cinquante-six 15. dix-neuf

1A.2 Mise en pratique

1 1. 15; quinze 2. 25; vingt-cinq 3. 16; seize
4. 30; trente 5. 17; dix-sept 6. 23; vingt-trois
7. 14; quatorze 8. 10; dix

2 1. douze 2. cinquante 3. cinquante-deux
4. trente et un 5. dix-huit 6. vingt-cinq

3 2. La bibliothèque, c'est le zéro un, quarante-
sept, quinze, cinquante-quatre, dix-sept. 3. Le
café, c'est le zéro un, quarante et un, trente-huit,
seize, vingt-neuf. 4. La librairie, c'est le zéro un,
dix, treize, soixante, vingt-trois. 5. Le lycée,
c'est le zéro un, cinquante-huit, trente-six,
quatorze, douze.

4 1. Il y a vingt-deux professeurs de littérature.
2. Il y a quinze étudiants dans la classe de
français. 3. Il n'y a pas de télévision dans la
classe de sociologie. 4. Il y a huit ordinateurs
dans le café. 5. Il y a cinquante et un employés
dans la librairie. 6. Il y a vingt et une tables dans
le café.

RÉVISION

3 Answers will vary. 1. C'est une bibliothèque. / Ce
sont des élèves/étudiants. 2. C'est un café.
3. C'est une actrice. 4. Ce sont des acteurs.
5. C'est un professeur. / Ce sont des élèves/
étudiants. 6. Ce sont des amies.

LE ZAPPING

Compréhension

Answers will vary. 1. la, des, un, l', le 2. deux

CONTEXTES

Mise en pratique

1 1. professeur 2. un cahier 3. un stylo 4. un crayon 5. une carte 6. une chaise 7. un professeur 8. un crayon 9. une copine 10. un sac à dos

2 1, 4, 5, 8, 9, 10

3 1. un tableau 2. une porte 3. un crayon/stylo 4. un livre 5. une calculatrice 6. un stylo/crayon 7. une feuille (de papier) 8. un bureau 9. un dictionnaire 10. une corbeille à papier 11. une chaise 12. un professeur

ROMAN-PHOTO

1 1. St 2. V 3. V 4. M 5. St 6. A 7. S 8. D 9. D 10. A/V

2 1. optimiste 2. intelligent 3. sincère 4. égoïste 5. sociable

CULTURE

1 1. Faux. Rarely do you find individuals who fit all aspects of a stereotype. 2. Faux. Regional languages are still spoken in some areas. 3. Vrai. 4. Faux. More immigrants come from Morocco. 5. Vrai. 6. Faux. French culture has been enriched by immigrant cultures. 7. Faux. France has maintained its culture. 8. Vrai. 9. Faux. The majority of French people are of Celtic or Latin descent. 10. Vrai.

2 1. the rooster 2. Blue, white, and red 3. Gaul 4. ado 5. Flemish

STRUCTURES

1B.1 Essayez!

2. sont 3. es 4. sommes 5. êtes 6. est

1B.1 Mise en pratique

1 1. Ils sont en Tunisie. 2. Il n'est pas ici. 3. Tu es chanteuse. 4. Vous êtes à l'université. 5. Je suis élève. 6. Il est dans la chambre. 7. Ils sont là. 8. Nous sommes copains.

2 1. Il est à la faculté de médecine. 2. Nous sommes dans la salle de classe. 3. Elles sont à la bibliothèque. 4. Ils sont là-bas. 5. Ils sont à la librairie. 6. Elle est au bureau.

3 1. C'est 2. Il est 3. Elles sont 4. Elle est 5. Elle est 6. Ce sont

1B.2 Essayez!

2. anglais 3. française 4. suisses 5. réservées 6. importantes 7. amusante 8. polies

1B.2 Mise en pratique

1 1. intelligentes. 2. sincères. 3. élégantes. 4. patientes. 5. sociables. 6. polies.

2 1. Elles sont japonaises. 2. Il est allemand. 3. Ils sont mexicains. 4. Elle est anglaise. 5. Il est américain. 6. Elle est italienne. 7. Ils sont marocains. 8. Ils sont québécois/canadiens.

À L'ÉCOUTE

À vous d'écouter

Hervé: la littérature, l'examen, la librairie
Laure et Lucas: le café, l'université

Vrai o faux?

1. Faux. 2. Vrai. 3. Vrai. 4. Faux. 5. Vrai. 6. Faux. 7. Faux. 8. Faux.

PANORAMA

Qu'est-ce que vous avez appris?

1. Ousmane Sembène 2. 200 millions 3. L'Organisation internationale de la Francophonie 4. anglais et français 5. l'arabe 6. le français 7. Louis XIV 8. la Journée internationale de la Francophonie 9. cinq 10. la Louisiane

LECTURE

Où aller?

1. Banque de Centre 2. Restaurant du Chat qui dort 3. DAMERY Jean-Claude, dentiste 4. Théâtre de la Comédie 5. Messier et fils, Réparations ordinateurs et télévisions 6. Pharmacie Vidal 7. Bibliothèque municipale 8. DANTEC Pierre-Henri, médecin généraliste 9. Café de la Poste 10. Librairie Balzac

Unité 2

Leçon 2A

POUR COMMENCER

b, b, a, b

CONTEXTES

Mise en pratique

1 1. d 2. e 3. i 4. a 5. f 6. h 7. b 8. c

2 1. A & H 2. A 3. X 4. H 5. H 6. H 7. A & H 8. A

Communication

5 Answers will vary. Suggested answers: 1. C'est le cours d'informatique. Je déteste l'informatique. 2. Être reçu à l'examen / Avoir le diplôme de l'université, c'est difficile. 3. C'est la philosophie. J'adore la philosophie. 4. C'est le cours de chimie. La chimie, c'est facile. 5. C'est le cours d'éducation physique / la cantine. Je n'aime pas tellement... 6. C'est un devoir d'architecture / de stylisme. J'aime bien...

ROMAN-PHOTO

1 Answers may vary slightly. 1. Vrai. 2. Faux. Antoine déteste le cours de sciences po. 3. Faux. Rachid et David partagent un appartement. 4. Vrai. 5. Vrai. 6. Vrai. 7. Faux. Stéphane n'aime pas la chimie. 8. Faux. Monsieur Dupré est professeur de sciences po. 9. Vrai. 10. Faux. Stéphane déteste l'anglais.

2 1. b/e 2. c 3. a 4. b/e 5. d

CULTURE

1 1. Vrai. 2. Faux. It takes three years. 3. Faux. The order is **seconde, première, terminale.** 4. Faux. Some **lycées** have classes Saturday mornings. 5. Faux. Wednesdays are typically half days. 6. Vrai. 7. Vrai. 8. Faux. The American grading system is based on 100 points. 9. Vrai. 10. Faux. A grade of 20/20 is very rare.

2 1. Canada. 2. secondaires 3. trois 4. francophone 5. gymnases, écoles préparant à la maturité ou écoles de culture générale

STRUCTURES

2A.1 Essayez!

2. habitons 3. aiment 4. regarde 5. commence 6. partagent

2A.1 Mise en pratique

1 1. parles 2. retrouvons 3. étudions 4. aimes 5. étudie 6. dessine 7. aime 8. voyagez

2 1. J'oublie le devoir de littérature. 2. Nous commençons des études supérieures. 3. Vous

rencontrez des amis au lycée. 4. Hélène déteste travailler. 5. Tu cherches un cours facile. 6. Les élèves arrivent avec des dictionnaires.

3 Answers may vary. 1. travaille 2. retrouve 3. dessinons 4. parlent 5. voyagez 6. mange

2A.2 Essayez!

2. Est-ce qu'ils adorent les devoirs? 3. Est-ce que la biologie est difficile? 4. Est-ce que tu travailles? 5. Est-ce qu'elles cherchent le prof? 6. Est-ce qu'Aude voyage beaucoup? 8. L'élève oublie-t-il/elle le livre? 9. La physique est-elle utile? 10. Y a-t-il deux salles de classe? 11. N'habitent-ils pas à Québec? 12. Est-ce le professeur d'art?

2A.2 Mise en pratique

1 1. Parlez-vous espagnol? 2. Étudie-t-il à Paris? 3. Voyagent-ils avec des amis? 4. Aimes-tu les cours de langues? 5. Le professeur parle-t-il anglais? 6. Les élèves aiment-ils/elles dessiner?

2 1. Est-ce qu'il mange à la cantine? / Mange-t-il à la cantine? 2. Est-ce que tu oublies les examens? / Oublies-tu les examens? 3. Est-ce que François déteste les maths? / François déteste-t-il les maths? 4. Est-ce que vous adorez voyager? / Adorez-vous voyager? 5. Est-ce que les cours ne commencent pas demain? / Les cours ne commencent-ils pas demain? 6. Est-ce que les élèves arrivent en classe? / Les élèves arrivent-elles en classe?

3 Suggested answers: 1. Tu aimes les cours? 2. Pourquoi est-ce que tu détestes l'informatique? 3. Il y a des élèves sympathiques, n'est-ce pas? 4. Tu retrouves Béatrice? 5. Tu cherches une petite amie?

5 Some answers will vary. 1. Est-ce que tu détestes les devoirs? 2. Est-ce que tu étudies avec des amis? 3. Est-ce que tu penses que les cours au lycée sont intéressants? 4. Est-ce que les cours de sciences sont faciles? 5. Est-ce que tu aimes mieux la biologie ou la physique? 6. Est-ce que tu retrouves des copains à la cantine?

LE ZAPPING

Compréhension

1 1. Suggested answer: social activities, cultural activities, and sports. 2. Answers will vary. 3. Suggested answer: in class, in labs, and in the field. 4. Suggested answer: The professors use a personalized approach and spend a lot of time working with their students.

Textbook Activities

CONTEXTES

Mise en pratique

1 1. Faux. 2. Faux. 3. Faux. 4. Faux. 5. Faux.
6. Vrai. 7. Faux. 8. Vrai. 9. Vrai. 10. Faux.

2 1. travaille 2. enseigne 3. explique 4. regardent
5. écoutent 6. étudient/travaillent 7. préparer
8. travaille/étudie 9. trouvons

3 1–3. Answers will vary. 4. le samedi et le
dimanche 5. le lundi 6–8. Answers will vary.

ROMAN-PHOTO

1 Answers may vary slightly. 1. Faux. Sandrine a
cours de chant le mardi et le jeudi. 2. Vrai.
3. Faux. Astrid pense que ce n'est pas impossible.
4. Faux. La famille de David est française.
5. Vrai. 6. Vrai. 7. Vrai. 8. Faux. Stéphane dîne
chez Rachid dimanche. 9. Vrai. 10. Vrai.

CULTURE

1 1. Vrai. 2. Faux. It also has written exams.
3. Vrai. 4. Faux. Students must decide which **bac**
they will take by the end of **seconde**. 5. Faux.
Most students take le **bac ES**, le **bac L**, or le **bac
S**. 6. Faux. The different sections are weighted
differently in each **bac**. 7. Vrai. 8. Vrai. 9. Faux.
He can repeat the year and attempt the **bac**
again. 10. Vrai.

2 1. une école spécialisée 2. une grande école
3. l'université 4. une école spécialisée
5. l'université

3 Answers will vary. Possible answers: 1. le français
et la philosophie 2. la biologie et la psychologie
3. l'économie et la sociologie 4. la physique et
les maths

STRUCTURES

2B.1 Essayez!

2. avez 3. a 4. ont 5. aie/ayez 6. a 7. ai 8. ont
9. a 10. avez

2B.1 Mise en pratique

1 1. Avons-nous un dictionnaire? Oui, nous avons
un dictionnaire. 2. Luc a-t-il un diplôme? Non, il
n'a pas de diplôme. 3. Ont-elles une montre?
Non, elles n'ont pas de montre. 4. Avez-vous des
copains? Oui, j'ai/nous avons des copains.
5. Thérèse a-t-elle un téléphone? Oui, elle a un
téléphone. 6. Charles et Jacques ont-ils une
calculatrice? Non, ils n'ont pas de calculatrice.

2 Answers may vary. 1. ai besoin d' 2. as honte
3. avez froid 4. ont sommeil

2B.2 Essayez!

2. trois heures moins dix 3. huit heures et demie
4. midi 5. quatre heures cinq 6. cinq heures
moins le quart

2B.2 Mise en pratique

1 Some answers may vary. 1. Il est midi/minuit et
demie. 2. Il est une heure du matin. 3. Il est huit
heures dix. 4. Il est onze heures moins le quart.
5. Il est deux heures douze. 6. Il est sept heures
cinq. 7. Il est quatre heures moins cinq. 8. Il est
minuit moins vingt-cinq.

2 1. On arrive au cours à dix heures et demie du matin.
2. Nous parlons avec le professeur à midi. 3. Je
rentre tard, à onze heures et quart du soir. 4. On
regarde la télé à neuf heures du soir. 5. Elles mangent
vers deux heures moins le quart de l'après-midi. 6. Il
commence très tôt, à huit heures vingt du matin.

3 1. Il est vingt-deux heures trente. 2. Il est quatorze
heures. 3. Il est vingt heures quinze. 4. Il est vingt-
trois heures quarante-cinq. 5. Il est dix-huit heures
vingt-cinq. 6. Il est deux heures cinquante-cinq.

À L'ÉCOUTE

À vous d'écouter

28 octobre: lundi; 9h30: biologie; 11h00: chimie;
12h00: resto U; 14h00: psychologie; 15h30:
physique; 19h30: Sophie: restaurant vietnamien

Vrai o faux?

1. Vrai. 2. Faux. Marie-France déteste la chimie.
3. Faux. Marie-France et Dominique mangent au
restaurant vietnamien à sept heures et demie du soir.
4. Faux. Dominique aime son cours d'informatique.
5. Vrai. 6. Faux. Monsieur Meyer donne des
devoirs très difficiles. 7. Vrai. 8. Faux. Aujourd'hui,
Marie-France mange au resto U.

PANORAMA

Qu'est que vous avez appris?

1. Camille Claudel 2. à vie 3. courrier électronique
4. «l'Hexagone» 5. SNCF 6. TGV 7. frères
Lumière 8. Answers will vary. Possible answer: Jean
Renoir 9. industrielle 10. l'énergie nucléaire

LECTURE

Répondez

1. a 2. b 3. b 4. c 5. a 6. c 7. a 8. b

Complétez

1. 03.20.52.48.17 2. 03.20.52.48.18 3. 26, place
d'Arsonval, 59000 Lille 4. 2 à 8; 4 à 8 heures

Unité 3

POUR COMMENCER
c, b, c

CONTEXTES
Mise en pratique
1 1. d 2. g 3. a 4. e 5. c 6. i 7. h 8. f

2 1. oncle 2. tante 3. cousine 4. grand-père
5. demi-frère

3 1. petite-fille 2. grand-mère 3. tante 4. demi-sœur
5. beau-père

4 1. Vrai. 2. Faux. 3. Vrai. 4. Faux. 5. Faux.
6. Faux. 7. Faux. 8. Vrai. 9. Vrai. 10. Vrai.

ROMAN-PHOTO
1 1. Faux. Elle communique avec Cyberhomme.
2. Vrai. 3. Faux. Ils regardent les photos de tante
Françoise. 4. Vrai. 5. Vrai. 6. Vrai. 7. Vrai.
8. Faux. Il travaille avec Rachid. 9. Faux. C'est
le chien d'Henri et de Françoise. 10. Faux. C'est
un étudiant sérieux.

2 1. vieux 2. heureux 3. sérieux
4. heureux 5. beau

CULTURE
1 1. diverses 2. mariage 3. mariés 4. célibataires
5. monoparentales 6. deux 7. PACS 8. habiter
9. stéréotypes 10. les mêmes

2 1. Faux. Le sport est héréditaire chez les Noah.
2. Vrai. 3. Faux. Zacharie Noah était un joueur
de football. 4. Faux. Yannick gagne à
Wimbledon. 5. Faux. Joakim joue pour les
Chicago Bulls. 6. Vrai.

STRUCTURES
3A.1 Essayez!
2. nerveux, nerveuse, nerveux, nerveuses
3. roux, rousse, roux, rousses 4. bleu, bleue,
bleus, bleues 5. naïf, naïve, naïfs, naïves
6. gros, grosse, gros, grosses 7. long, longue,
longs, longues 8. fier, fière, fiers, fières

3A.1 Mise en pratique
1 1. Elle est curieuse aussi. 2. Il est blond aussi.
3. Elles sont grosses aussi. 4. Il est fier et
heureux aussi. 5. Elle est vieille aussi. 6. Elle est
laide aussi. 7. Ils sont intellectuels aussi.
8. Ils sont naïfs aussi. 9. Ils sont beaux aussi.
10. Il est roux aussi.

2 1. Elle a des amis sympathiques. 2. Elle habite
dans un nouvel appartement. 3. Son mari a un
bon travail. 4. Ses filles sont des étudiantes
sérieuses. 5. Christine est fière de son succès.
6. Son mari est un bel homme. 7. Elle a des
collègues amusants. 8. Sa secrétaire est une jeune
fille intellectuelle. 9. Elle a de bons chiens.
10. Ses voisins sont polis.

3A.2 Essayez!
2. ma 3. mes 4. tes 5. ta 6. ton 7. sa 8. ses
9. son 10. notre 11. nos 12. notre 13. vos
14. votre 15. vos 16. leur 17. leur 18. leurs

3A.2 Mise en pratique
1 1. Ma 2. leurs 3. votre 4. leur 5. ta 6. nos
7. ton 8. Ses 9. son 10. vos

2 1. C'est la télévision de Christophe. 2. C'est
l'ordinateur de Paul. 3. C'est la calculatrice de
Stéphanie. 4. Ce sont les stylos de Virginie.
5. C'est l'université de Jacqueline. 6. Ce sont les
dictionnaires de Christine.

LE ZAPPING
Compréhension
Some answers will vary. 1. C'est un père et son
fils. 2. Il aime beaucoup son fils. 3. Il cherche
dans les Pages d'Or.

CONTEXTES

Mise en pratique

1 1. h 2. e 3. d 4. a 5. i 6. b 7. c 8. f

2 1. douce/gentille 2. paresseux 3. fortes
4. ennuyeuse 5. rapide 6. sympathiques
7. gentils/doux 8. triste

3 1. Faux. 2. Faux. 3. Vrai. 4. Faux. 5. Vrai.
6. Faux. 7. Faux. 8. Vrai. 9. Vrai. 10. Faux.

Communication

4 1. Non, il est dentiste. 2. Non, il est coiffeur.
3. Non, elle est journaliste. 4. Non, il est homme
d'affaires. 5. Non, elle est architecte. 6. Non, ils
sont athlètes. 7. Non, il est artiste. 8. Non, elles
sont musiciennes.

ROMAN-PHOTO

1 1. St 2. S 3. R 4. S 5. St 6. R 7. St 8. D 9. D
10. R

2 1. a/c/e 2. a 3. b/c/e 4. b 5. a/f 6. d

CULTURE

1 1. Faux. On a plus de copains que d'amis.
2. Faux. C'est une personne qu'on voit souvent.
3. Faux. On parle de sujets ordinaires. 4. Vrai.
5. Vrai. 6. Vrai. 7. Vrai. 8. Vrai. 9. Faux. Un petit
ami est une personne avec qui on a une relation
intime. 10. Faux. Chaque personne paie sa part.

2 1. 120 2. le fils 3. la fille 4. *Le Comte de Monte-
Cristo* 5. *Tous les matins du monde / Le Comte de
Monte-Cristo* 6. deux

STRUCTURES

3B.1 Essayez!

2. soixante-quinze 3. quatre-vingt-dix-neuf
4. soixante-dix 5. quatre-vingt-deux 6. quatre-
vingt-onze 7. soixante-six 8. quatre-vingt-sept
9. cinquante-deux 10. soixante

3B.1 Mise en pratique

1 1. 02.65.33.95.06 2. 01.99.74.15.25
3. 05.65.11.08.80 4. 03.97.79.54.27
5. 04.85.69.99.91 6. 01.24.83.01.89

2 1. quatre-vingt-cinq 2. quatre-vingt-douze
3. soixante-dix-neuf 4. cent 5. soixante-sept
6. soixante-treize 7. quatre-vingt-dix-sept
8. quatre-vingt-trois 9. quatre-vingt-dix

10. quatre-vingts

3 1. 66, 68, 70, 72, 74, 76, 78 2. 88, 92, 96
3. 85, 80, 75, 70, 65 4. 90, 87, 84, 81, 78, 75, 72

3B.2 Essayez!

2. près de 3. à côté de 4. chez 5. en face de
6. sous 7. sur 8. dans

3B.2 Mise en pratique

1 1. sur 2. derrière 3. entre 4. sous 5. à côté de
6. près du 7. devant 8. dans

2 Suggested answers: 1. devant 2. loin de 3. Entre
4. à côté de 5. près de 6. derrière 7. sur
8. à droite d'

À L'ÉCOUTE

À vous d'écouter

E: brun, grand, intéressant, gentil, intelligent, beau
R: drôle, optimiste, sympathique, patient

Identifiez-les

1. Diane 2. Édouard 3. Suzanne 4. Suzanne et
Robert 5. Robert 6. Édouard

Vrai ou faux?

1. Faux. Robert est très patient et optimiste.
2. Vrai. 3. Vrai. 4. Faux. Édouard ne parle pas
à Diane. 5. Faux. Édouard est peut-être un peu
timide. 6. Vrai.

PANORAMA

Qu'est-ce que vous avez appris?

1. arrondissements 2. maire; caractère
3. poète 4. chanteuse 5. les catacombes
6. 324 7. Paris-Plages 8. palais 9. La pyramide
de verre 10. Art Nouveau

LECTURE

Vrai ou faux?

1. Vrai. 2. Vrai. 3. Faux. En France, plus de la
moitié des foyers ont un chien, un chat ou un
autre animal de compagnie. 4. Vrai. 5. Faux.
Certaines personnes déclarent avoir moins
de stress avec un chien. 6. Faux. Souvent,
la présence d'un chien dans une famille suit
l'arrivée d'enfants.

Fido en famille

1. c 2. c 3. b 4. c 5. b

Unité 4

Leçon 4A

POUR COMMENCER
a, b, a

CONTEXTES
Mise en pratique
1 1. une piscine 2. une boîte (de nuit) 3. un restaurant 4. un bureau 5. une maison 6. une église 7. un cinéma 8. un marché, une épicerie

2 a. 3 b. 8 c. 1 d. 5 e. 6 f. NA g. 2 h. 7 i. NA j. 4

3 Suggested answers: 1. illogique: Maxime invite Delphine au musée. 2. logique 3. illogique: Nous déjeunons au restaurant. 4. logique 5. logique 6. logique 7. logique 8. illogique: Tu danses dans une boîte (de nuit).

ROMAN-PHOTO
1 1. Faux. David va chercher Sandrine. 2. Vrai. 3. Faux. Sandrine va passer chez Amina. 4. Vrai. 5. Vrai. 6. Vrai. 7. Faux. L'épicerie n'est pas loin. 8. Faux. L'épicerie Pierre Dubois est à côté du cinéma. 9. Vrai. 10. Faux. Juliette Binoche ne fréquente pas le P'tit Bistrot.

2 1. Avec qui, 2. Où, 3. Pourquoi 4. Combien 5. À qui 6. Où

CULTURE
1 Some answers may vary. 1. Faux. Les jeunes Français écoutent de la musique environ 16 heures par semaine. 2. Faux. Ils utilisent Internet 11 heures par semaine. 3. Vrai. 4. Faux. Ils aiment la littérature. 5. Faux. Possible answer: Ils aiment la danse, le théâtre et le dessin. 6. Faux. Les jeunes Français sont très sportifs. 7. Vrai. 8. Vrai. 9. Vrai. 10. Faux. 1% des jeunes Français pratiquent la sculpture.

2 1. bande dessinée 2. création 3. Paris 4. guerrier 5. féca 6. wolof

STRUCTURES
4A.1 Essayez!
2. vas 3. vont 4. allons 5. allez 6. va 7. vais 8. va

4A.1 Mise en pratique
1 1. Tu vas au cinéma ce soir? 2. Tes amis et toi, vous allez au café? 3. Ta mère et moi, nous allons en ville vendredi? 4. Ton ami(e) va souvent au marché? 5. Je vais au musée avec toi demain? 6. Tes amis vont au parc?

2 1. Samedi prochain aussi, Paul va bavarder avec ses copains. 2. Samedi prochain aussi, nous allons danser. 3. Samedi prochain aussi, je vais dépenser de l'argent dans un magasin. 4. Samedi prochain aussi, Luc et Sylvie vont déjeuner au restaurant. 5. Samedi prochain aussi, vous allez explorer le centre-ville. 6. Samedi prochain aussi, tu vas patiner.

4A.2 Essayez!
2. Qu' 3. quelle 4. Pourquoi 5. qui 6. Combien

4A.2 Mise en pratique
1 Answers may vary. 1. Où habites-tu? 2. À quelle heure le film commence-t-il? 3. Quelle heure est-il? 4. Combien de frères as-tu? 5. Quand le prof parle-t-il? 6. Qu'aimez-vous? 7. À qui téléphone-t-elle? 8. Comment étudie-t-il?

2 1. d 2. f 3. g 4. h 5. b 6. c 7. a 8. e

3 Some answers will vary. 1. À quelle heure est-ce que les cours commencent? 2. Où est-ce que Stéphanie habite? 3. Avec qui est-ce que Julien danse? 4. Comment s'appelle-t-elle? 5. Combien de chiens Laëtitia a-t-elle? 6. Pourquoi déjeune-t-elle dans ce restaurant? 7. Comment allez-vous? 8. Quand est-ce que tu vas au marché?

LE ZAPPING
Compréhension
1. Dans la publicité, on trouve un parc, un bureau, un restaurant et une piscine. 2. Answers will vary.

CONTEXTES

Mise en pratique

1 1. le fromage 2. le beurre 3. le sucre 4. le jambon 5. la soupe 6. un chocolat 7. apporter 8. un morceau

2 1. un verre d'/une bouteille d' 2. un morceau de 3. un morceau de 4. une tasse de 5. une tasse de 6. un verre de/una bouteille de 7. une tasse de 8. un verre de

3 1. Vrai. 2. Faux. 3. Vrai. 4. Faux. 5. Faux. 6. Faux. 7. Vrai. 8. Vrai.

Communication

4 1. Combien coûtent les frites? Les frites coûtent 2€. 2. Combien coûte une boisson gazeuse? Une boisson gazeuse coûte 2€. 3. Combien coûte une limonade? Une limonade coûte 1,75€. 4. Combien coûte une bouteille d'eau? Une bouteille d'eau coûte 2€. 5. Combien coûte une tasse de café? Une tasse de café coûte 3€. 6. Combien coûte une tasse de thé? Une tasse de thé coûte 2,50€. 7. Combien coûte un croissant? Un croissant coûte 1€. 8. Combien coûte un éclair? Un éclair coûte 1,95€.

ROMAN-PHOTO

1 1. M 2. V 3. S 4. M 5. A 6. S 7. D 8. V 9. R 10. A

2 a. 5 b. 3 c. 1 d. 2 e. 4 f. 6

CULTURE

1 Some answers may vary. 1. Vrai. 2. Faux. Les Français vont aussi au café à midi et après le travail. 3. Vrai. 4. Vrai. 5. Faux. Ils adorent passer du temps à la terrasse des cafés. 6. Faux. Ils prennent un café et un croissant. 7. Faux. Ils prennent leur apéritif au café après le travail. 8. Vrai. 9. Vrai. 10. Faux. Ils fréquentent les cafés après la Deuxième Guerre mondiale.

2 1. à petites gorgées 2. alcool 3. le thé à la menthe 4. refuser 5. la poutine

STRUCTURES

4B.1 Essayez!

2. boivent; du 3. boit; de 4. a; du 5. buvons; de la 6. prends; de 7. prenez; un 8. apprenons; le

4B.1 Mise en pratique

1 1. Ils prennent un thé. 2. Tu bois un chocolat chaud. 3. Vous prenez un jus de pomme. 4. Elles boivent une limonade. 5. Tu prends une boisson gazeuse. 6. Vous buvez un café.

2 1. du 2. une 3. un 4. de 5. de 6. des 7. une 8. de l' 9. du 10. de

3 1. On prend de la limonade? 2. On prend de l'eau minérale? 3. On prend du thé? 4. On prend des sandwichs?

4B.2 Essayez!

2. réussit 3. finissons 4. grossissent 5. choisis 6. Réfléchis/Réfléchissez 7. grandissent 8. obéissez

4B.2 Mise en pratique

1 1. réfléchissons 2. choisissez 3. choisis 4. réfléchis 5. maigrir 6. réussis 7. grossir 8. finis

2 1. choisissons 2. rougit 3. grandissent 4. maigrissez 5. obéissons 6. finit 7. vieillissent 8. grossit

3 Answers may vary. Possible answers: 1. Il choisit une boisson froide. 2. Nous réfléchissons à la solution du problème. 3. Tu obéis à tes parents. 4. Il vieillit. 5. Il grossit beaucoup.

Répondez

Answers may vary. 1. Tu grossis. 2. Tu choisis le petit-déjeuner complet. 3. Tu maigris./Tu choisis le petit-déjeuner simple. 4. Tu réfléchis. 5. Tu finis la bouteille d'eau.

À L'ÉCOUTE

À vous d'écouter

Checked items: 1, 2, 4, 6, 7, 9, 10

Un résumé

1. café 2. une eau minérale 3. faim 4. un croissant 5. aller au gymnase 6. manger au restaurant 7. des copains 8. aller au cinéma 9. chez ses grands-parents 10. en boîte de nuit

PANORAMA

Compréhension

1. Jacques Cartier 2. île 3. Les crêpes/galettes 4. les crêperies 5. Le camembert 6. jardin d'eau 7. américains 8. rituelle 9. sépultures 10. station balnéaire

LECTURE

Examinez le texte

Answers may vary. 1. Chocolat 2. Cybercafé 3. Accès Internet 4. Omelette 5. Salade 6. Tarte 7. Soupe 8. Snack

Trouvez

Checked items: 1, 4, 5, 8, 9

Répondez

1. Un sandwich coûte 7,50€. 2. On peut surfer sur Internet de 10h00 à 18h00. 3. Les étudiants adorent ce cybercafé. 4. L'eau minérale gazeuse coûte 3,50€. Un soda coûte 5,50€. 5. Deux desserts sont proposés. 6. Answers may vary. Je vais manger… Any two of the following: un croissant, un pain au chocolat, une brioche, un pain aux raisins, une tarte aux fruits, un banana split.

Choisissez

Answers may vary. Possible answers: 1. Lise va prendre un café. 2. Nathan va prendre un croque-monsieur et un soda. 3. Julien va prendre une omelette au jambon. 4. Annie va prendre un thé glacé. 5. Martine va prendre une eau minérale gazeuse. 6. Ève va prendre une tarte aux fruits.

Unité 5

POUR COMMENCER

Ils sont au parc; Ils pratiquent le football.; Oui, je pense qu'ils aiment le sport.; Answers will vary.

CONTEXTES

Mise en pratique

1 1. équipe 2. jeu 3. bande dessinée 4. jouer 5. pratique 6. marchons 7. sport 8. aide 9. skier 10. bricoler

2 1. S souvent 2. S souvent, M parfois 4. M souvent, S parfois 5. M rarement, S jamais 6. M jamais 7. M, S souvent 8. M souvent, S rarement

ROMAN-PHOTO

1 a. 10 b. 6 c. 4 d. 9 e. 2 f. 7 g. 5 h. 3 i. 1 j. 8
2 1. c 2. d 3. b 4. a

CULTURE

1 1. Vrai. 2. Faux. Elle a lieu tous les quatre ans. 3. Vrai. 4. Vrai. 5. Vrai. 6. Faux. Certains «Lions Indomptables» jouent dans des clubs français et européens. 7. Faux. Il y a quarante équipes professionnelles de football. 8. Vrai. 9. Faux. L'OM est une célèbre équipe de football. 10. Vrai.

2 1. Zinédine 2. Laura 3. Zinédine 4. Laura 5. Laura 6. Zinédine

Leçon 5A

STRUCTURES

5A.1 Essayez!

2. faites 3. faisons 4. font 5. fait 6. fait 7. fais 8. font 9. faites 10. faisons

5A.1 Mise en pratique

1 1. c 2. b 3. b 4. c 5. a 6. a
2 1. e. fait du jogging 2. d. font du cheval 3. b. fais la cuisine 4. g. faites du ski 5. f. faisons une promenade 6. a. fait du golf
3 1. Je fais du cheval. 2. Tu fais de la planche à voile. 3. Anne fait de l'aérobic. 4. Louis et Paul font du camping.
4 Some answers will vary. 1. Est-ce que tu fais du vélo ce week-end? 2. Est-ce que tes amis font la cuisine ce week-end? 3. Est-ce que ton/ta petit(e) ami(e) et toi, vous faites du jogging ce week-end? 4. Est-ce que toi et moi, nous faisons une randonnée ce week-end? 5. Est-ce que tu fais de la gym ce week-end? 6. Est-ce que ton/ta cousin(e) fait du sport ce week-end?

5A.2 Essayez!

2. sers 3. pars 4. dormons 5. courent 6. sent 7. sortez 8. part

5A.2 Mise en pratique

1 1. sors 2. partent 3. sortons 4. part 5. partez 6. pars 7. sors 8. sortent

4 1. Véronique dort tard. 2. Je sers des sandwichs.
3. Les enfants sentent le chocolat chaud. 4. Nous
courons souvent. 5. Tu sors de l'hôpital. 6. Vous
partez pour la France demain.

CONTEXTES

Mise en pratique

1 1. le 14 juillet, l'été 2. le 4 juillet, l'été 3. le 1er
avril, le printemps 4. le 25 décembre, l'hiver
5. le 14 février, l'hiver 6. le 1er janvier, l'hiver
7. le 31 octobre, l'automne 8. le 22 février, l'hiver

3 1. Faux. 2. Vrai. 3. Vrai. 4. Faux. 5. Faux.
6. Faux. 7. Vrai. 8. Vrai.

ROMAN-PHOTO

1 1. S 2. D 3. S 4. S 5. R 6. R, St 7. D 8. D, R,
S 9. St 10. S

2 Answers will vary. Suggested answers:
1. Stéphane a dix-sept ans. 2. Ils préfèrent des
crêpes. 3. Il fait beau/bon. 4. On organise une
surprise pour l'anniversaire de Stéphane.
5. L'anniversaire de Stéphane est en automne.
6. Ils ont chaud.

CULTURE

1 1. En général, on trouve les jardins publics
des villes françaises au centre-ville. 2. Les jardins
de Versailles sont créés pour Louis XIV.
3. L'ordre et la symétrie dominent dans un jardin
à la française. 4. La perspective et l'harmonie
donnent une notion de grandeur absolue. 5. Il y
a des parterres de fleurs et savants agencements
de couleurs. Il y a aussi des chaises. 6. On peut
se reposer tranquillement. 7. Le bois de Vincennes
et le bois de Boulogne sont à côté de Paris.
8. On peut aller au zoo. 9. En général, les villes
françaises sont très fleuries. 10. Les concours sont
organisés pour promouvoir le développement des
espaces verts dans les villes.

2 1. Faux. Les Français adorent faire du vélo
pendant leur temps libre. 2. Vrai. 3. Vrai.
4. Faux. On utilise un vélo de course. 5. Vrai.

LE ZAPPING

Compréhension

Some answers will vary. 1. Ce sont des joueurs
de football. 2. Il a entre six et dix ans. 3. Some
answers will vary. Suggested answers: Il a envie
de gagner la Ligue des Champions et de jouer en
finale de la Coupe du Monde.

STRUCTURES

5B.1 Essayez!

2. six cent vingt 3. trois cent soixante-cinq
4. quarante-deux mille 5. deux cents millions
6. quatre cent quatre-vingts 7. mille sept cent
quatre-vingt-neuf 8. quatre cents 9. cent
cinquante pour cent 10. mille deux cent
cinquante virgule cinquante

5B.1 Mise en pratique

1 1. 252, rue de Bretagne 2. 400, avenue Malbon
3. 177, rue Jeanne d'Arc 4. 546, boulevard
St. Marc 5. 688, avenue des Gaulois 6. 392,
boulevard Micheline 7. 125, rue des Pierres
8. 304, avenue St. Germain

2 Answers may vary slightly. 1. Six cent cinquante
plus sept cent cinquante font mille quatre cents.
2. Deux millions plus trois millions font cinq
millions. 3. Neuf cent soixante-six moins trois
cent quarante-deux égale six cent vingt-quatre.
4. Cent cinquante-cinq plus trois cent dix font
quatre cent soixante-cinq. 5. Deux mille moins
cent cinquante font mille huit cent cinquante.
6. Trois cent soixante-quinze multiplié par deux
égale sept cent cinquante. 7. Mille deux cent
cinquante plus deux mille deux cent cinquante
font trois mille cinq cents. 8. Quatre mille quatre
cent quarante-quatre divisé par quatre égale mille
cent onze.

3 1. Il y a trois cent quatre-vingt-dix-huit mille
quatre cent vingt-trois habitants. 2. Il y a deux
millions huit cent soixante-dix-sept mille neuf
cent quarante-huit habitants. 3. Il y a quatre
cent cinquante-trois mille cent quatre-vingt-sept
habitants. 4. Il y a cinq cent dix mille cinq cent
cinquante-neuf habitants. 5. Il y a huit cent sept
mille soixante et onze habitants. 6. Il y a vingt-
six mille cent quatre-vingt-un habitants.

4 1. Il arrive en mille neuf cent quatre-vingt-dix-sept. 2. Elle commence en mille neuf cent quatorze. 3. Elle prend fin en mille neuf cent quarante-cinq. 4. Elle déclare son indépendance en mille sept cent soixante-seize. 5. Il est assassiné en mille neuf cent soixante-huit. 6. Elle prend fin en mille neuf cent dix-huit.

5 Answers will vary. 1. É1: ... la montre? É2: Elle ... quatre cent trente-deux ... 2. É1: ... les dictionnaires? É2: Ils ... cent seize ... 3. É1: ... le sac à dos? É2: Il ... cent dix-huit ... 4. É1: ... le vélo? É2: Il ... six cent soixante-quinze ...

5B.2 Essayez!
2. répétez 3. payons 4. nettoie 5. espères 6. essayez 7. préfères 8. emmène 9. célèbre 10. protègent

5B.2 Mise en pratique
1 1. Nous essayons le vélo. 2. Elle répète. 3. Elles espèrent gagner. 4. Vous emmenez les enfants. 5. Il nettoie la voiture. 6. Ils préfèrent partir tôt.

2 1. emmenons 2. espère 3. envoie 4. préfère 5. achètes

RÉVISION
1 1. amène 2. considèrent 3. espère 4. envoie 5. achètent 6. paient 7. essayons 8. préfèrent, espèrent

À L'ÉCOUTE
À vous d'écouter

Ville	☀	🌤	☁	🌧	🌬	❄	Température
Paris			X				8°C
Lille				X			6°C
Strasbourg						X	5°C
Brest			X				10°C
Lyon				X			9°C
Bordeaux		X					11°C
Toulouse	X						12°C
Marseille				X			12°C
Nice					X		13°C

Porbable ou improbable?
1. Improbable. 2. Improbable. 3. Porbable. 4. Improbable. 5. Probable. 6. Probable. 7. Probable. 8. Improbable.

PANORAMA
Qu'est-ce que vous avez appris?
1. On peut voir le Vendée Globe, une course nautique, aux Sables d'Olonne. 2. Léonard de Vinci influence le style de construction de Chambord. 3. Il y a 365 cheminées à Chambord. 4. Les châteaux de la Loire sont de style Renaissance. 5. Ils sont «les rois voyageurs» parce qu'ils vont d'un château à l'autre avec toutes leurs possessions. 6. Des milliers de spectateurs vont au Printemps de Bourges chaque année. 7. C'est une course d'endurance automobile. 8. Il existe aussi une course de moto. 9. Les vins blancs sont principalement produits dans la vallée de la Loire. 10. 400 millions de bouteilles de vin sont produites chaque année dans la vallée de la Loire.

LECTURE
Catégories
Answers will vary. Suggested answers:
les loisirs culturels: musique classique, cinéma africain, musée des Beaux-Arts **les activités sportives:** golf, ski, tennis **les activités de plein air:** camping, randonnées, équitation

Trouvez
Checked items: 3, 5, 6, 7

Répondez
1. Answers will vary. 2. On joue aux échecs dans le parc Champellier. 3. Un passionné de lecture et de dessin va peut-être aller à la Journée de la bande dessinée. 4. On pratique des sports d'équipe au parc Lafontaine. 5. Il y a de la neige dans les Laurentides et dans les Cantons-de-l'Est. 6. On peut aller au Festival de musique classique ou au Festival de reggae.

Suggestions
1. Elle va aimer le musée des Beaux-Arts de Montréal. 2. Il va aimer le parc Lafontaine. 3. Elle va aimer le Festival du cinéma africain. 4. Il va aimer les tournois d'échecs en plein air dans le parc Champellier. 5. Elle va aimer La Cantatrice chauve au Théâtre du Chat Bleu. 6. Answers will vary. Possible answer: Il va aimer les promenades dans le parc national de la Jacques-Cartier.

Unité 6

POUR COMMENCER

Il y a trois personnes. Ils ont peut-être quinze ou seize ans.; Ils fêtent l'anniversaire de la fille.; Ils vont manger un dessert.; Answers will vary.

CONTEXTES

Mise en pratique

1 1. un divorce 2. un jour férié 3. une bière 4. une glace 5. la vieillesse 6. une étape 7. la vie 8. l'état civil

2 1. Faux. 2. Faux. 3. Vrai. 4. Faux. 5. Vrai. 6. Vrai. 7. Faux. 8. Faux. 9. Vrai. 10. Faux.

3 1. b 2. n/a 3. c 4. n/a 5. e 6. a 7. g 8. f 9. h 10. d

Communication

4 1. enfance, surprise 2. ensemble, amour 3. invités, gâteau, bonbons 4. (jeunes) mariés, cadeaux 5. naissance, bonheur

ROMAN-PHOTO

1 1. Vrai. 2. Faux. Elle n'a pas le temps de discuter avec Pascal. 3. Vrai. 4. Vrai. 5. Faux. Ils trouvent un cadeau pour Stéphane. 6. Faux. Rachid aime l'idée de la montre pour Stéphane. 7. Faux. Elle commence à six heures. 8. Faux. Rachid va chercher Stéphane. 9. Vrai. 10. Vrai.

2 1. ce 2. ces; ce 3. cette 4. ces 5. cette

CULTURE

1 1. En général, le dernier jour du carnaval est le jour du Mardi gras. 2. On célèbre le carnaval à La Nouvelle-Orléans. 3. Le plus grand carnaval français a lieu à Nice. 4. Les jeunes envoient des fleurs aux spectateurs. 5. Le «Bonhomme» est le symbole officiel du carnaval de Québec. 6. On pratique des activités d'hiver pendant le carnaval de Québec. 7. Il continue jusqu'au mercredi des Cendres. 8. Vaval est le roi du carnaval à la Martinique. 9. On célèbre le carnaval à La Nouvelle-Orléans avec des bals et des défilés. 10. Les couleurs officielles du carnaval de La Nouvelle-Orléans sont l'or, le vert et le violet.

2 1. du début de la Révolution française 2. Fête nationale de la République française 3. des bals populaires et des feux d'artifices 4. la fin de la récolte des ignames 5. juillet 6. la fin du Ramadan

STRUCTURES

6A.1 Essayez!

2. ce 3. Cet 4. ces, ces 5. ce, ce 6. Cette 7. cet 8. cette 9. Cette 10. Cet

6A.1 Mise en pratique

1 1. Cette glace au chocolat est délicieuse. 2. Ces gâteaux sont énormes. 3. Ce biscuit n'est pas bon. 4. Cette invitée est gentille. 5. Cet hôte parle japonais. 6. Ces filles sont allemandes.

2 1. Cette 2. Ces 3. ces 4. ces 5. Ces 6. cette 7. Ce 8. cette 9. Cette 10. Ce 11. ces 12. ces

3 1. Ce gâteau, cette glace 2. Cette fille, ces bonbons 3. Ces jeunes mariés 4. Cet homme

6A.2 Essayez!

2. as servi, as compris, as donné 3. a parlé, a eu, a dormi 4. avons adoré, avons fait, avons amené 5. avez pris, avez employé, avez couru 6. ont espéré, ont bu, ont appris

6A.2 Mise en pratique

1 1. avons mangé 2. a acheté 3. ai pris 4. avez essayé 5. ont célébré 6. ont fait 7. a bu 8. avons eu

2 1. Tu as écouté mon CD? Non, je n'ai pas écouté ton CD. 2. Matthieu a fait ses devoirs? Non, il n'a pas fait ses devoirs. 3. Elles ont couru dans le parc? Non, elles n'ont pas couru dans le parc. 4. Tu as parlé aux profs? Non, je n'ai pas parlé aux profs. 5. Yassim a appris les verbes irréguliers? Non, il n'a pas appris les verbes irréguliers. 6. Marie et Lise ont été à la piscine? Non, elles n'ont pas été à la piscine. 7. Vous avez emmené André au cinéma? Non, nous n'avons pas emmené André au cinéma. 8. Tu as eu le temps d'étudier? Non, je n'ai pas eu le temps d'étudier.

LE ZAPPING

Compréhension

Some answers will vary. 1. C'est un jeune père. Il a beaucoup de chance cette année. 2. Il fête la naissance de son enfant. Il gagne un match de football et un gros contrat au bureau. 3. C'est pour indiquer que l'homme a eu de la chance toute l'année, parce que quelqu'un a envoyé une carte de vœux.

Unité 6 Answers to Textbook Activities

CONTEXTES

Mise en pratique

1 1. une cravate 2. une jupe 3. un short 4. des lunettes 5. un tee-shirt 6. une ceinture 7. un sac à main 8. une écharpe

2 1. Oui. 2. Non. 3. Non. 4. Oui. 5. Oui. 6. Non. 7. Oui. 8. Non. 9. Non. 10. Non.

3 1. Il est bleu, blanc et rouge. 2. Ils sont verts. 3. Answers will vary. Elles sont rouges, vertes ou jaunes. 4. Il est jaune. 5. Elle est noire. 6. Il est blanc et noir. 7. Elle est blanche. 8. Elles sont orange. 9. Il est marron ou noir. 10. Elles sont jaunes.

ROMAN-PHOTO

1 1. Faux. David est désolé de ne pas être là. 2. Faux. Sandrine porte une robe grise. 3. Vrai. 4. Vrai. 5. Faux. Valérie donne un blouson en cuir et des gants à Stéphane. 6. Faux. Sandrine va prêter sa robe à Amina. 7. Vrai. 8. Faux. Sandrine a fait le gâteau et les desserts. 9. Vrai. 10. Faux. Stéphane pense que ses amis ne sont pas drôles.

2 1. S 2. As 3. A 4. St 5. V 6. R

CULTURE

1 1. Vrai. 2. Faux. C'est considéré comme à la mode. 3. Vrai. 4. Faux. Il y a encore beaucoup de boutiques indépendantes. 5. Vrai. 6. Vrai. 7. Vrai. 8. Faux. Il a écrit sur les différences entre les vêtements français et américains. 9. Faux. Les Américains portent des vêtements plus amples et plus confortables. 10. Faux. Les costumes français sont plus serrés.

2 1. styliste de mode 2. la mode masculine 3. simples et confortables 4. tailleurs 5. bouger 6. la petite robe noire

STRUCTURES

6B.1 Essayez!

2. te 3. me 4. leur 5. vous 6. lui 7. lui 8. me

6B.1 Mise en pratique

1 1. leur 2. te 3. lui 4. nous 5. vous 6. m'

2 1. t' 2. vous 3. leur 4. nous 5. me 6. lui

6B.2 Essayez!

2. répondons 3. souris 4. construit, détruit 5. mettez 6. entendent

6B.2 Mise en pratique

1 a. 3 b. 4 c. 1 d. 2

2 1. attends 2. descend 3. perd 4. met 5. vendons 6. promettent

À L'ÉCOUTE

À vous d'écouter

1. p 2. p 3. p 4. f 5. pr 6. f 7. pr 8. f

Complétez

1. c 2. b 3. b 4. a 5. c 6. b 7. a 8. c

PANORAMA

Qu'est-ce que vous avez appris?

1. Henri de Toulouse-Lautrec était peintre, lithographe et d'origine midi-pyrénéenne. 2. Le surnom de la grotte de Lascaux est «la chapelle Sixtine préhistorique». 3. On trouve des peintures et des gravures dans la grotte de Lascaux. 4. En général, le foie gras est réservé aux grandes occasions. 5. On utilise des haricots blancs, de la viande, des saucisses, des tomates, de l'ail et des herbes. 6. Les arènes de Nîmes datent de la fin du premier siècle. 7. Il y a 7.000 personnes dans les arènes de Nîmes en hiver. 8. Les civilisations des Mayas, des Romains et des Grecs ont une version de la pelote. 9. Il y a sept formes différentes de pelote basque. 10. Ce sont la poésie occitane et l'idéologie des troubadours du Moyen Âge.

LECTURE

Examinez le texte

1. diplômés, graduates 2. le commencement, beginning 3. la sortie, exit 4. la timidité, shyness 5. les difficultés, difficulties 6. les préférences, preferences

Familles de mots

1. bu(e) 2. fêter 3. la vie 4. la jeunesse 5. la surprise 6. répondre

Vrai ou faux?

Answers may vary slightly. 1. Faux. C'est une invitation pour fêter le diplôme. 2. Faux. Les invités vont passer un bon moment. 3. Vrai. 4. Faux. Les invités vont faire des activités en plein air. 5. Vrai. 6. Vrai.

Conseillez

Answers may vary. Suggested answers: 1. Tu vas apporter des boissons gazeuses. 2. Tu vas chercher les ballons de couleurs sur la route. 3. Tu vas jouer aux cartes et discuter. 4. Tu vas me téléphoner. 5. Tu vas manger des salades. 6. Tu vas faire du badminton et du volley.

POUR COMMENCER

On voit du bleu, du violet, du vert, de l'orange.;
Il fait beau et chaud. Le ciel est bleu et il y a
du soleil. C'est l'été.; Dans un hôtel à la plage.;
Answers will vary.

CONTEXTES

Mise en pratique

1 1. une station de ski 2. une arrivée 3. une
douane 4. le journal 5. des gens 6. utiliser un
plan 7. bronzer 8. un vol

2 1. f 2. b 3. i 4. g 5. h 6. a 7. e 8. c

3 1. faire un séjour 2. prendre un bus 3. taxi
4. faire du shopping 5. vol 6. pays
7. aller-retour 8. plage 9. faire ma valise

ROMAN-PHOTO

1 a. 1 b. 6 c. 10 d. 5 e. 2 f. 7 g. 4 h. 8 i. 9 j. 3

2 Answers may vary slightly. 1. Il est parti avec
une valise. Non, à son retour, il a des sacs en
plus. 2. Il a visité Paris avec ses parents. 3. Il
donne des lunettes de soleil à Stéphane. Oui,
Stéphane aime beaucoup le cadeau. 4. C'est un
voyage à Tahiti. Stéphane est à la plage en
maillot de bain avec des lunettes de soleil. 5. Elle
va faire du ski à Albertville.

CULTURE

1 1. Tahiti est dans le sud de l'océan Pacifique.
2. Tahiti devient une colonie en 1880. 3. Tahiti
fait partie de la collectivité d'outre-mer de
Polynésie française. 4. On parle français et
tahitien. 5. Les hôtels de luxe ont des bungalows
sur l'eau. 6. Près de 200.000 touristes par an
visitent Tahiti. 7. Les touristes aiment visiter
Tahiti parce qu'il fait chaud et parce que les
plages sont superbes. 8. Answers may vary.
Possible answer: Ils aiment faire du bateau et de
la plongée. 9. La ville principale de Tahiti
s'appelle Papeete. 10. On va au marché ou dans
les boutiques.

2 1. Vrai. 2. Faux. Il a été une gare. 3. Faux. Le
musée d'Orsay est dédié à l'art du dix-neuvième
siècle. 4. Faux. Il y a un tunnel entre la France et
l'Angleterre. 5. Faux. Le métro de Montréal
roule sur des pneus. 6. Vrai.

STRUCTURES

7A.1 Essayez!

2. partis 3. rentrées 4. morte 5. sortis 6. resté
7. arrivée 8. passé

7A.1 Mise en pratique

1 1. sommes partis 2. sommes arrivés 3. sommes
passés 4. suis allée 5. suis tombée 6. sommes
allés 7. suis entrée 8. sommes montés 9. sommes
sortis 10. sommes retournés

2 Suggested answers: 1. Je suis rentré tard. 2. Tu es
restée à l'hôtel. 3. Nous sommes allés à l'église.
4. Pamela et Caroline sont sorties.

3 a. 1, Les filles sont parties pour Dakar en avion.
b. 5, Djénaba est tombée de vélo. c. 4, Elles sont
allées faire du vélo dimanche matin. d. 2, Elles
sont arrivées à Dakar tard le soir. e. 3, Elles sont
restées à l'hôtel Sofitel. f. 6, Elle est allée
à l'hôpital.

7A.2 Essayez!

2. l' 3. les 4. me 5. les 6. t'/vous 7. vous 8. la
9. l' 10. l'

7A.2 Mise en pratique

1 1. Il les regarde. 2. Elle l'admire. 3. Il le mange.
4. Ils les achètent.

2 1. Il l'a acheté tous les matins. 2. Elle l'a
retrouvé au café. 3. Ils les ont emmenés au
cinéma. 4. Il l'a invitée au restaurant. 5. Elle les
a portées. 6. À midi, il les a achetées.

3 Suggested answers: 1. Tes parents m'invitent au
bord de la mer? 2. Quelqu'un va m'attendre à
l'aéroport? 3. Ton frère va-t-il nous emmener sur
son bateau? 4. Penses-tu que ta famille va bien
m'aimer? 5. Quelles chaussures as-tu choisies
d'emporter? 6. Quel maillot de bain as-tu pris?

LE ZAPPING

Compréhension

Some answers will vary. 3. L'homme connaît le
site Trivago.

CONTEXTES

Mise en pratique

1 1. douzième 2. troisième 3. premier 4. Answers will vary. 5. dixième 6. vingt-sixième 7. sixième 8. quarante-quatrième 9. Answers will vary. 10. quatrième

2 1. Faux. 2. Vrai. 3. Faux. 4. Faux. 5. Faux. 6. Vrai. 7. Faux. 8. Vrai.

3 a. 6 b. 2 c. 1 d. 4 e. 3 f. 5

ROMAN-PHOTO

1 Answers may vary. 1. Faux. Sandrine ne fait pas de réservation à l'agence de voyages. 2. Vrai. 3. Faux. Amina fait une réservation à l'auberge de la Costaroche. 4. Vrai. 5. Faux. Amina n'est pas fâchée contre Sandrine. 6. Faux. Pascal n'est pas fâché contre Sandrine. 7. Vrai. 8. Faux. Sandrine a envie de voyager le 26 décembre. 9. Vrai. 10. Vrai.

2 1. C'est difficile parce que c'est Noël. 2. L'hôtel Le Vieux Moulin est très cher. 3. Il dit qu'il a du travail. 4. C'est l'ami virtuel d'Amina. 5. Answers will vary.

CULTURE

1 1. congés payés 2. cinq semaines 3. d'août 4. la fermeture annuelle 5. La France 6. l'Espagne, l'Afrique et l'Italie 7. la campagne 8. Les personnes âgées et les agriculteurs 9. les étudiants 10. deux semaines de vacances

2 1. On peut utiliser un sac de couchage. 2. On les met dans un casier. 3. C'est une grande chaîne de montagnes partagée entre plusieurs pays d'Europe. 4. Le Mont-Blanc est le sommet le plus haut d'Europe occidentale. 5. La Guadeloupe et la Martinique sont françaises.

STRUCTURES

7B.1 Essayez!

2. sérieusement 3. séparément 4. constamment 5. mal 6. activement 7. impatiemment 8. bien 9. franchement 10. difficilement 11. vraiment 12. gentiment

7B.1 Mise en pratique

1 1. f 2. e 3. h 4. g 5. a 6. d 7. b 8. c

2 1. Évidemment 2. rapidement 3. attentivement 4. constamment 5. Finalement 6. prudemment 7. impatiemment 8. Franchement

7B.2 Essayez!

2. partagiez 3. écrivions 4. avait 5. fallait; faisait 6. faisais 7. lisiez 8. étions

7B.2 Mise en pratique

1 1. étais 2. travaillait 3. voyagions 4. partions 5. faisais 6. préparais 7. détestait 8. disait 9. aimait 10. était

2 1. Je faisais du jogging. 2. Ils finissaient leurs devoirs. 3. Vous mangiez des glaces/une glace. 4. Tu prenais du café.

3 Suggested answers: 1. Maintenant je voyage rarement, mais avant je voyageais constamment. 2. Maintenant nous prenons facilement le train, mais avant nous prenions difficilement le train. 3. Maintenant on va souvent à la piscine, mais avant on allait rarement à la piscine. 4. Maintenant ils achètent parfois des cartes postales, mais avant ils achetaient souvent des cartes postales. 5. Maintenant vous bricolez bien, mais avant vous bricoliez mal. 6. Maintenant elle attend patiemment, mais avant elle attendait impatiemment.

À L'ÉCOUTE

À vous d'écouter

1. Italie (Venise), 395 euros, Answers will vary. 2. Brésil, 1.500 euros, Answers will vary. 3. 5 jours, 575 euros, Answers will vary. 4. Amérique du Nord (États-Unis, Canada, Mexique), 14 jours, 2.000 euros, Answers will vary. 5. 7 jours, 487 euros, Answers will vary.

Où vont-ils?

1. Madame Dupuis va aller à Avignon. 2. Il va aller en Amérique du Nord. 3. Elle va aller en Irlande. 4. Il va aller en Italie (Venise). 5. Elle va aller au Brésil. 6. Ils vont aller à Avignon.

PANORAMA

Qu'est-ce que vous avez appris?

1. La région s'appelle la Camargue. 2. Antoine de Saint-Exupéry a écrit *Le Petit Prince*. 3. Ils gardent les taureaux. 4. Grenoble est située dans la région Rhône-Alpes. 5. À Grenoble, les chercheurs viennent étudier la matière. 6. Le festival de Cannes existe depuis 1946. 7. Le jury international choisit le meilleur film. 8. On mange la raclette avec des pommes de terre et de la charcuterie. 9. La ville de Grasse est le centre

de la parfumerie française. 10. Grasse est le centre de la parfumerie française parce que la ville cultive les fleurs. / grâce à la fabrication industrielle.

LECTURE

Des titres

(*in order of appearance*) un journal; un journal, un magazine; une brochure, un guide; un journal; un guide; un journal; une brochure

Unité 8

POUR COMMENCER

a, b, b

CONTEXTES

Mise en pratique

1 1. un quartier 2. un sous-sol 3. un jardin
4. une affiche 5. un placard 6. un rideau
7. un couloir 8. un tapis

2 1. Vrai. 2. Vrai. 3. Faux. 4. Faux. 5. Faux.
6. Faux. 7. Vrai. 8. Faux. 9. Vrai. 10. Faux.

3 1. un loyer 2. un couloir 3. déménager 4. une
étagère 5. les murs 6. une lampe 7. un garage
8. un escalier/un ascenseur 9. la salle à manger
10. un tapis

ROMAN-PHOTO

1 Answers may vary. 1. Vrai. 2. Vrai. 3. Faux. Les
loyers au centre-ville sont très chers. 4. Vrai.
5. Faux. Rachid préfère l'appartement de
Sandrine. 6. Faux. Les garçons ont une douche
et n'ont pas de rideaux. 7. Faux. Sandrine n'est
pas contente. 8. Faux. Pascal ne travaille pas
ce week-end.

2 1. S 2. D & R 3. S 4. D & R, S 5. S 6. D & R
7. S 8. D & R

CULTURE

1 1. Faux. Il y a une grande diversité de style
d'habitation. 2. Vrai. 3. Faux. Il y a de vieilles
maisons à colombages. 4. Faux. Il y a des

Les questions du professeur

1. Je vais prendre l'avion à Paris. 2. Le vol
arrive à Ajaccio. 3. Je vais passer douze jours
en Corse. 4. Non. Je vais dormir à l'hôtel./dans
des hôtels. 5. Je vais visiter la ville, aller à un
spectacle de danse, puis passer la soirée à l'hôtel.
6. Non. Je retourne à Ajaccio le septième jour.
7. Je vais prendre l'autobus et des bateaux.
8. Non. Le voyage est organisé par une agence
de voyages.

chalets. 5. Faux. Ce sont des maisons en pierre.
6. Vrai. 7. Vrai. 8. Faux. Les trois quarts des
Français habitent en ville. 9. Faux. C'est une
maison avec un petit jardin. 10. Faux. Les HLM
sont réservés aux familles qui ont moins d'argent.

2 1. C'est un hôtel de luxe. 2. Le château
Frontenac date de la fin du XIXe et du début du
XXe siècles. 3. On le trouve dans le quartier du
Vieux-Québec. 4. On en trouve en Afrique
centrale et de l'Ouest, au Viêt-nam et en
Polynésie française. 5. Le pisé, le patio central et
la terrasse sur le toit sont les caractéristiques des
maisons d'Afrique du Nord.

STRUCTURES

8A.1 Essayez!

passé composé: 2. tu as acheté 3. nous avons
bu 4. ils ont appris 5. j'ai répondu
imparfait: 2. tu étais 3. elles prenaient
4. vous aviez 5. il conduisait

8A.1 Mise en pratique

1 1. faisait 2. étais 3. suis parti 4. ai retrouvé
5. est arrivé 6. avons commencé 7. avions
8. ai cherché 9. était 10. avons couru

2 1. Il faisait froid et il neigeait. 2. Alors, je suis allée
au cinéma avec mes amis. 3. Le film a commencé à
sept heures. 4. Audrey Tautou était dans le film.
5. Après le film, mes amis et moi sommes allés au
café. 6. Nous avons pris des éclairs et des
limonades. 7. Je suis rentrée chez moi à minuit.
8. J'étais fatiguée et j'avais sommeil.

3 1. avons passé 2. neigeait; faisait 3. sommes restés 4. sommes retournés 5. avons skié; est allé 6. avaient; venaient

8A.2 Essayez!

2. a fait 3. passait 4. arrivaient 5. est entré 6. a lavé

8A.2 Mise en pratique

1 1. Sabine est allée au centre commercial parce qu'il y avait des soldes. 2. Sabine n'a pas travaillé parce qu'elle avait sommeil. 3. Sabine n'est pas sortie parce qu'il pleuvait. 4. Sabine a mis un pull parce qu'il faisait froid. 5. Sabine a mangé une pizza parce qu'elle avait faim. 6. Sabine a acheté une nouvelle robe parce qu'elle sortait avec des amis. 7. Sabine a vendu son fauteuil parce qu'elle déménageait. 8. Sabine n'a pas bien dormi parce qu'elle était inquiète.

CONTEXTES
Mise en pratique

1 1. un balai 2. un fer à repasser 3. un lave-linge 4. un lave-vaisselle 5. une cafetière 6. un sèche-linge 7. un congélateur 8. les draps, la couverture, l'oreiller/les oreillers

2 1. Édouard 2. Paul 3. Édouard 4. Paul 5. Paul 6. Édouard 7. Paul 8. Édouard

ROMAN-PHOTO

1 Answers may vary slightly. 1. Elle parle avec Sandrine. 2. Elle est de mauvaise humeur parce que c'est fini avec Pascal. 3. Non, il n'a pas fait toutes ses tâches ménagères. 4. Elle préparait des biscuits au chocolat. 5. Elle va prendre un jus de fruits et elle va manger des biscuits. 6. Elle comprend pourquoi Sandrine est un peu triste/de mauvaise humeur. 7. Amina pense que Sandrine aime David. 8. Answers will vary.

2 Suggested answers: 1. Tristan nettoyait sa chambre quand il a entendu le chien. 2. Nous patinions quand la petite fille est tombée. 3. Vous partiez pour la France quand vous avez perdu votre billet. 4. Paul et Éric déjeunaient dans la salle à manger quand le téléphone a sonné.

3 Il était 6h30. Il pleuvait. J'ai pris mon petit-déjeuner, j'ai mis mon imperméable et j'ai quitté la maison. J'ai attendu une demi-heure à l'arrêt de bus et finalement, j'ai couru au restaurant où je travaillais. Je suis arrivé en retard. Le patron n'était pas content. Le soir, après mon travail, je suis rentré à la maison et je suis directement allé au lit.

LE ZAPPING
Compréhension

Some answers will vary. 1. Il leur montre le salon, la chambre et les toilettes. 2. Elle est trop courte et superficielle. 3. Sample answer: Il ne parle pas du tout de la cuisine.

Leçon 8B

2 1. M 2. S & A 3. P 4. St 5. St 6. M 7. V 8. St

CULTURE

1 Answers will vary. Possible answers: 1. des boîtes aux lettres et des portes. 2. il y a parfois un ascenseur. 3. une cour ou un jardin. 4. assez petites. 5. un lave-vaisselle. 6. salle de bains. 7. dans une pièce séparée. 8. n'ont pas souvent de placards. 9. dans la cuisine ou dans la salle de bains. 10. ont des volets.

2 1. le Quartier Français 2. *Toulouse; Chartres* 3. espagnol 4. jazz 5. l'unité d'habitation 6. la médina

STRUCTURES
8B.1 Essayez!

2. jouaient 3. est arrivée 4. a repassé 5. ont vécu 6. dormaient 7. ai loué 8. laviez

8B.1 Mise en pratique

1 1. avait 2. a quitté 3. a pris 4. est arrivée
5. a trouvé 6. a balayé 7. a nettoyé 8. a pris

2 1. Carla n'a pas fait de promenade parce qu'il
pleuvait. 2. Alexandre et Mia n'ont pas rangé la
chambre parce qu'ils regardaient la télé. 3. Nous
n'avons pas répondu au prof parce que nous ne
faisions pas attention. 4. Jade et Noémie ne sont
pas venues au café parce qu'elles nettoyaient la
maison. 5. Léo n'a pas mis son short parce qu'il
allait à un entretien.

3 Suggested answers: 1. Ils sortaient la poubelle
quand le voisin a dit bonjour. 2. Michel passait
l'aspirateur quand l'enfant est tombé. 3. Sa mère
faisait la lessive quand Anne est partie. 4. Ils
lavaient la voiture quand il a commencé à pleuvoir.

8B.2 Essayez!

1. connais 2. savent 3. savez 4. connais
5. connaissons 6. sait 7. connaissez 8. savons

8B.2 Mise en pratique

1 1. Halima sait faire du roller. 2. Vous savez nager.
3. Tu sais jouer au tennis. 4. Nous savons jouer
au foot.

2 1. sait, connaît 2. connaissez, connais
3. savent, connaît 4. sais, sais

À L'ÉCOUTE

À vous d'écouter

1. Réf. 521 2. Réf. 522 3. Réf. 520

Les détails

Logement 1: ville; maison; non; trois; non; oui
Logement 2: banlieue; maison; oui; quatre; oui;
oui **Logement 3:** centre-ville; appartement; non;
deux; oui; non

PANORAMA

Qu'est-ce que vous avez appris?

1. Le traité de Versailles les rend à la France.
2. Elles ont changé quatre fois de nationalité
depuis 1871. 3. L'ingrédient principal de la
choucroute est le chou. 4. Elle est appréciée des
marins. 5. C'est le siège du Conseil de l'Europe
et du Parlement européen. 6. Answers will
vary. Suggested answer: Il est responsable de la
promotion des valeurs démocratiques. 7. Elle
a défendu la France contre les Anglais. 8. Elle
a été exécutée. 9. On leur enseigne l'allemand.
10. Il est particulièrement visible à Noël.

LECTURE

Examinez le texte

ont été rajoutées: were added; de nombreux
bassins: numerous pools/fountains; autour du:
around; légumes: vegetables; de haut: in height;
roi: King

Vrai ou faux?

1. Faux. Louis XIII logeait à Versailles quand il
allait à la chasse. 2. Faux. Louis XIV est appelé
le Roi-Soleil. 3. Vrai. 4. Vrai. 5. Faux. Il y a
une collection unique de meubles (lits, tables,
fauteuils et chaises, bureaux, etc.). 6. Faux. Il a
des jardins: l'Orangerie, le Potager et l'Arboretum
de Chèvreloup.

Répondez

1. C'était un petit château où le roi logeait quand
il allait à la chasse. 2. Il a fait de Versailles sa
résidence principale. Il l'a agrandi et l'a décoré.
3. Il a construit, entre autres, le Grand
Appartement du Roi. 4. Ils ont été mariés dans
l'Opéra. C'est une grande salle où plus de 700
personnes assistaient souvent à divers spectacles
et bals. 5. Il est devenu roi après son mariage.
6. Non, le château a aussi une chapelle et d'autres
bâtiments comme le Grand et le Petit Trianon.

Unité 1

CONTEXTES

1 1. Je m'appelle Sylvie, et toi? 2. Il n'y a pas de quoi. 3. Comme ci, comme ça. 4. Enchanté. 5. Je vais bien, merci. 6. À tout à l'heure./Au revoir. 7. Monsieur Morel. 8. Au revoir!/À toute à l'heure!

2 1. Comment 2. revoir 3. tard 4. Bonne 5. moi 6. quoi 7. t'appelles/vas 8. présente 9. De 10. vais

3 1. officielle 2. officielle ou informelle 3. informelle 4. officielle ou informelle 5. informelle 6. officielle 7. informelle 8. officielle 9. informelle 10. officielle 11. informelle 12. officielle ou informelle

4 1. opposé 2. similaire 3. similaire 4. similaire 5. opposé 6. opposé 7. similaire 8. similaire 9. opposé 10. similaire

5 Order: 2, 5, 6, 4, 3, 1

ANNE Bonjour, madame. Je m'appelle Anne.

MADAME PRÉVOT Enchantée. Je m'appelle Madame Prévot.

ANNE Comment allez-vous?

MADAME PRÉVOT Je vais très bien, merci. Et vous?

ANNE Moi aussi, je vais bien. Au revoir, madame.

MADAME PRÉVOT À demain, Anne.

6 Answers will vary.

CONTEXTES: AUDIO ACTIVITIES

1 1. *Introduction* 2. *Greeting* 3. *Introduction* 4. *Leave-taking* 5. *Introduction* 6. *Leave-taking*

2 1. e 2. d 3. c 4. b 5. a 6. f

3 1. c 2. a 3. b

LES SONS ET LES LETTRES

1 1. François Rivière 2. Solène Maître 3. Clémence Déprès 4. Raphaël Délâtre 5. Océane Combrière 6. Noël Gérard

ROMAN-PHOTO

1 Answers will vary.

2 1. c 2. b 3. e 4. a 5. d 6. g 7. f

3 1. A 2. R 3. D 4. A 5. R 6. S

4 1. Bonjour 2. problème 3. Madame 4. beaucoup 5. au revoir

5 1. vrai 2. faux 3. faux 4. faux 5. faux

6 Answers will vary. Possible answer: Madame Forestier is angry at Stéphane over his poor grade on a French test. Rachid is trying to distract her by introducing David.

7 Answers will vary.

FLASH CULTURE

1 Answers will vary.

2 a. 2 b. 4 c. 6 d. 8 e. 1 f. 7 g. 3 h. 5

3 1. family 2. friends 3. acquaintances 4. friends

4 1. Vrai. 2. Vrai. 3. Faux. 4. Vrai. 5. Faux. 6. Faux.

5 1. shake hands 2. kiss on the cheek 3. kiss on the cheek 4. shake hands

6 Answers will vary.

STRUCTURES

1A.1

1 1. l' 2. la 3. la 4. le 5. l' 6. le 7. la 8. l' 9. le
Masculin: problème, objet, café, étudiant, bureau
Féminin: amie, littérature, différence télévision

2 1. la 2. le 3. les 4. la 5. l' 6. les 7. la 8. le 9. les 10. le 11. la 12. les

3 1. les étudiants 2. l'amie 3. les librairies 4. le café 5. les bureaux 6. l'examen 7. une étudiante 8. des lycées 9. des chanteuses 10. une chose 11. des animaux 12. des instruments

4 1. l' 2. les 3. une 4. l' 5. des 6. un 7. la 8. un 9. les 10. une

5 1. l'actrice 2. une amie 3. un étudiant 4. un acteur 5. la chanteuse 6. le petit ami

6 Some answers may vary. Suggested answers: 1. l'ordinateur: C'est un ordinateur. 2. le lycée: C'est un lycée. 3. l'étudiant: C'est un étudiant. 4. les amies: Ce sont des amies. 5. la bibliothèque: C'est une bibliothèque. 6. la table: C'est une table.

1A.1: Audio activities

1 1. M 2. F 3. M 4. F 5. M 6. F 7. F 8. F

4 1. des 2. un 3. les / sociologie 4. ordinateurs 5. tableau 6. tables 7. une 8. objets

Cahier de l'élève

1A.2

1

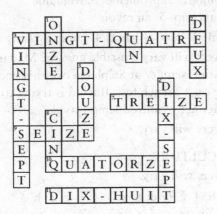

2 1. Il y a combien de bureaux? Il y a trois bureaux. 2. Il y a combien d'examens? Il y a vingt et un examens. 3. Il y a combien de professeurs de littérature? Il y a cinq professeurs de littérature. 4. Il y a combien d'amis? Il y a dix-huit amis. 5. Il y a combien d'acteurs? Il y a trente-trois acteurs. 6. Il y a combien de problèmes? Il y a douze problèmes. 7. Il y a combien de tableaux? Il y a cinquante-deux tableaux. 8. Il y a combien de cafés? Il y a neuf cafés. 9. Il y a combien de choses? Il y a soixante choses. 10. Il y a combien de tables? Il y a quarante-quatre tables.

3 1. Il y a combien de personnes? Il y a quatre personnes. 2. Il y a combien d'ordinateurs? Il y a un ordinateur. 3. Il y a combien de télévisions? Il n'y a pas de télévision. 4. Il y a combien de filles? Il y a une fille.

4 1. cinq, onze 2. deux, seize 3. cinquante, zéro 4. vingt-six, trente 5. vingt-deux, quarante-quatre

5 1. quatre 2. sept 3. trente 4. Answers will vary. 5. Answers will vary. 6. Answers will vary.

6 Answers will vary.

1A.2: Audio activities

1 Jeu 1: *The following numbers should be marked*: 2, 17, 35, 26, 52, 15, 8, 44, 13

Jeu 2: *The following numbers should be marked*: 18, 12, 34, 9, 0, 56, 41, 31, 58

2 1. 57 2. 45 3. 0 4. 2 5. 23 6. 4

3 1. $3 + 7 = 10$ 2. $36 - 5 = 31$ 3. $10 + 27 = 37$ 4. $39 - 7 = 32$ 5. $15 - 3 = 12$ 6. $44 + 7 = 51$ 7. $56 + 4 = 60$ 8. $47 - 16 = 31$

CONTEXTES

1

```
E  E R V I L P L S R O
C  R O B I O D R T R O
I  I U S E R C A T O E
R  A I F E S E T R A C
T  N F T S E T E C H A
A  N O R L S N Y A I B
L  O I C O R B E I L L E
U  I R P A E S F P O S
C  T A B L E A U O O I
L  C Y T U N E T F R C
A  I O C I A R O A E P
C  D N L A C L L C O L
```

2 1. d 2. h 3. a 4. b 5. g 6. f 7. c 8. e

3 1. une femme 2. un garçon 3. une fille 4. des livres 5. un stylo

4 1. une horloge 2. une fenêtre 3. une porte 4. un professeur/une femme 5. des feuilles de papier 6. une étudiante/une fille 7. une chaise 8. un stylo 9. un livre 10. un sac à dos 11. une table 12. un étudiant/un garçon 13. un tableau 14. une corbeille à papier 15. une carte

5 1. crayons 2. classe 3. dictionnaire/cahier 4. corbeille à papier 5. fenêtre

CONTEXTES: AUDIO ACTIVITIES

1 1. Vrai. 2. Faux. 3. Faux. 4. Vrai. 5. Faux. 6. Faux. 7. Vrai. 8. Faux.

2 1. d 2. g 3. a 4. e 5. h 6. b 7. f 8. c

LES SONS ET LES LETTRES

4 AMÉLIE Bonjour. Je m'appelle Amélie. Je suis étudiante en littérature.

NICOLAS Salut! Je m'appelle Nicolas. Je suis étudiant en sociologie à l'université.

Leçon 1B

AMÉLIE Il y a combien d'étudiants dans la classe de sociologie?

NICOLAS Il y a vingt-cinq étudiants.

AMÉLIE Il y a des ordinateurs dans la bibliothèque?

NICOLAS Oui il y a des ordinateurs et des télévisions.

AMÉLIE Pas mal!

ROMAN-PHOTO

1 Answers will vary.

2 a. 2 b. 1 c. 3 d. 5 e. 4

3 1. intelligent 2. brillant 3. classe 4. professeur
5. cahier 6. livre 7. fenêtres 8. filles

4 1. A 2. D 3. V 4. D 5. V 6. A

5 Some answers may vary. Suggested answers:
1. Rachid 2. Amina 3. Sandrine 4. Madame
Forestier 5. David 6. Rachid 7. Sandrine
8. Rachid 9. Sandrine, Madame Forestier,
Stéphane, Amina, Rachid 10. Rachid

6 1. Vrai. 2. Faux. 3. Vrai. 4. Faux. 5. Vrai.
6. Faux.

7 Answers will vary.

STRUCTURES

1B.1

1 1. vous, elle 2. vous, elles 3. tu, il 4. vous, ils
5. vous, il/elle 6. tu, elle 7. vous, il 8. vous, ils

2 1. Elle 2. Nous 3. Je 4. Il/Elle 5. Ils 6. Tu
7. Vous 8. Elles

3 1. êtes étudiants 2. es à Paris 3. est acteur
4. sont copains 5. suis à la librairie

4 1. suis 2. sont 3. est 4. sommes 5. est 6. es

5 Answers may vary. Suggested answers:
1. C'est un garçon. 2. Ce sont des cahiers.
3. C'est un ordinateur. 4. Ce sont des femmes.
5. C'est un dictionnaire. 6. Ce sont des crayons.
7. C'est un homme. 8. C'est un professeur.

6 1. Oui, la France/elle est en Europe. 2. Oui, il est
acteur. 3. Oui, elles sont chanteuses. 4. Oui, je suis
un(e) élève. 5. Oui, ils sont intéressants.

1B.1: Audio activities

1 1. a 2. b 3. b 4. b

2 1. suis 2. est 3. sommes 4. sont 5. êtes 6. es

1B.2

1 1. d 2. h 3. a 4. g 5. b 6. c 7. e 8. f

2 1. agréable 2. pessimiste 3. sympathique
4. impatient 5. sincère 6. québécois
7. charmant 8. occupé

3 1. Bob et Jim sont américains. 2. Amani et
Ahmed sont sénégalais. 3. Trevor est anglais.
4. Francine est québécoise. 5. Monika est
allemande. 6. Maria-Luisa est italienne.
7. François et Jean-Philippe sont suisses.
8. Gabriela est mexicaine. 9. Yoko et Keiko sont
japonaises. 10. Paul est canadien.

4 1. est amusant 2. est élégante 3. sont
sympathiques 4. sont charmants 5. est brillant
6. sont sociables 7. sont réservés
8. est intelligent

5 Answers will vary.

1B.2: Audio activities

4 1. est 2. québécoise 3. ami 4. sont
5. l'université 6. sont 7. colocataires 8. sociologie
9. littérature 10. française
11. Canadiens 12. Américains
13. Martiniquaise 14. Italienne 15. intéressants
16. intelligents 17. sympathiques

PANORAMA

1 1. h 2. d 3. a 4. b 5. f 6. c 7. e 8. g

2 1. Guadeloupe 2. Pologne 3. Belgique
4. Sénégal 5. Québec/Canada 6. Maroc

3 1. d 2. e 3. a 4. f 5. c 6. b

4 1. Vrai. 2. Faux. 3. Vrai. 4. Faux. 5. Vrai.
6. Faux. 7. Vrai. 8. Vrai.

5 1. le Québec 2. la Louisiane 3. l'Algérie
4. dans plus de 100 pays sur cinq continents
5. la Louisiane 6. le Canada

6 1. le Québec 2. la France 3. la Suisse 4. Haïti
5. la Guinée 6. le Maroc

Cahier de l'élève

Unité 2

CONTEXTES

1

```
M P S Y C H O L O G I E H Ô
S E C N E I C S P S U P G H
P G H H D Y H H T Q T S A P
G É O G R A P H I E O R Y I
H E H S O I U T E I C H R S
S E U Q I T A M É H T A M H
H S R I T M I V I P Î E S A
I P O I R G Q T P O T R E T
S A T O A E É Y E S Q T R T
T G F O S C G S F O S M T C
O N G L T E O F T L U S T U
I O I U E P H Y S I Q U E H
R L R M E T A R R H O R L P
E É I M I H C N P P T N É N
```

2 1. la biologie 2. un gymnase 3. le droit
4. l'architecture 5. les langues étrangères
6. l'informatique

3 1. l'histoire 2. l'art 3. la psychologie 4. la
géographie 5. le français 6. le stylisme
7. l'anglais/la littérature 8. la biologie 9. la
philosophie 10. la physique

4 1. h 2. d 3. a 4. f 5. c 6. b 7. e 8. g

5 1. un gymnase 2. l'informatique 3. une note
4. les mathématiques 5. les études supérieures
6. les sciences politiques 7. l'art 8. une langue
étrangère

6 Answers will vary.

CONTEXTES: AUDIO ACTIVITIES

1 1. personne 2. objet 3. endroit 4. cours
5. cours 6. endroit 7. objet 8. cours

2 1. a 2. b 3. b 4. a

3 1. e 2. c 3. f 4. a 5. b 6. d

LES SONS ET LES LETTRES

4 ANNE Bonjour. Je m'appelle Anne.

PATRICK Enchanté. Je m'appelle Patrick. Tu
es étudiante?

ANNE Oui, je suis étudiante à l'université de
droit. Et toi?

PATRICK J'étudie la chimie, la biologie et
les maths.

ANNE Tes cours sont intéressants?

PATRICK Oui, ils sont très intéressants.

ROMAN-PHOTO

1 Answers will vary.

2 1. R 2. D 3. R 4. An 5. An 6. R 7. D 8. An

3 1. f 2. a 3. h 4. g 5. e 6. d 7. b 8. c

4 Checked items: 1, 3, 5, 7, 9

5 1. Faux. 2. Faux. 3. Vrai. 4. Faux. 5. Vrai.
6. Faux. 7. Vrai. 8. Vrai. 9. Faux. 10. Faux.

6 Answers will vary. Possible answer: Stéphane is
complaining about his classes. He doesn't like his
French teacher and has been making poor grades.
He has trouble with several of his classes.

7 Answers will vary.

FLASH CULTURE

1 Answers will vary.

2 1. endroit 2. cours 3. endroit 4. cours
5. endroit 6. endroit 7. endroit 8. endroit
9. cours 10. cours 11. cours 12. cours

3 a. 1 b. 5 c. 2 d. 6 e. 7 f. 3 g. 4

4 Checked items: 2, 5, 6, 8, 9

5 1. b 2. a 3. f 4. d 5. c 6. e

6 Answers will vary.

STRUCTURES

2A.1

1 1. travailles, travaille, travaillons, travaillez,
travaillent 2. oublie, oublie, oublions, oubliez,
oublient 3. mange, manges, mangeons, mangez,
mangent 4. aime, aimes, aime aimez, aiment 5.
commence, commences, commence, commençons,
commencent 6. pense, penses, pense, pensons,
pensez

2 1. mangent 2. parlons 3. étudie 4. adorez
5. travailles 6. déteste 7. regardent 8. aimes

3 1. J'habite à New York. 2. Nous mangeons une
pizza. 3. Olivier et Sylvain aiment le cours de
biologie. 4. Le professeur donne des devoirs.
5. Les élèves oublient les livres.
6. Tu rencontres des amis à l'école.

4 1. adore 2. donnent 3. étudie 4. partageons
5. travaille 6. aime 7. parle 8. retrouvons
9. regardons 10. rencontres 11. aiment
12. pensent

5 Answers will vary.

2A.1: Audio activities

3 1. b 2. b 3. a 4. b 5. a 6. a

4 1. b 2. d 3. a 4. c

2A.2

1 1. Est-ce que vous êtes canadien? 2. Est-ce que tu regardes la télévision? 3. Est-ce qu'ils cherchent un livre à la bibliothèque? 4. Est-ce que nous arrivons à l'école? 5. Est-ce qu'elle parle chinois?

2 1. Sont-ils québécois? 2. Adorent-elles voyager? 3. Parles-tu espagnol? 4. Y a-t-il vingt-cinq élèves? 5. Le professeur donne-t-il des devoirs difficiles?

3 1. Est-ce que les cours commencent demain? 2. Tu aimes/Vous aimez voyager, n'est-ce pas? 3. Est-ce qu'il y a un problème? 4. Êtes-vous étudiants? 5. Nous mangeons/On mange à la

CONTEXTES

1 1. dimanche 2. le soir/l'après-midi 3. aujourd'hui 4. vendredi 5. après-demain 6. samedi

2 1. semaine 2. lundi 3. année 4. jours 5. dernier 6. mercredi

3 1. mercredi 2. lundi 3. dimanche 4. mardi 5. samedi 6. jeudi 7. vendredi

4 1. rentre/arrive 2. téléphone à 3. prépare 4. dîne 5. écoute 6. regarde

5 Answers will vary.

CONTEXTES: AUDIO ACTIVITIES

1 1. Vrai. 2. Faux. 3. Faux. 4. Vrai. 5. Vrai. 6. Faux. 7. Vrai. 8. Faux.

3 1. m'appelle 2. habite 3. enseigne 4. explique 5. parlent 6. regardent 7. écoutent 8. travaillent 9. trouvent 10. mangeons

LES SONS ET LES LETTRES

4 1. J'aime écouter le professeur de français.

2. Annie adore regarder la télévision.

3. Les étudiants trouvent le cours de littérature intéressant.

4. Le premier jour de la semaine est le lundi.

5. Robert aime dîner au restaurant.

6. Ce soir, nous préparons l'examen d'architecture.

cantine, d'accord?

4 1. Non, je n'étudie pas les sciences politiques. 2. Non, je ne cherche pas le stylo. 3. Non, je n'aime pas le chocolat. 4. Non, l'examen n'est pas facile./est difficile. 5. Non, je n'aime pas parler avec des amis. 6. Si, je suis sociable.

5 Answers will vary.

2A.2: Audio activities

4 Answers may vary slightly. 1. Oui, elle/ Mathilde adore le cours de maths. 2. Elle déteste la biologie parce qu'elle pense que le cours est difficile et que le prof est désagréable. 3. Oui, il y a des étudiants sympas. 4. Non, le professeur de physique n'est pas ennuyeux. Il est brillant. 5. Non, il n'y a pas d'étudiants stupides dans la classe de David. Ils sont intelligents.

ROMAN-PHOTO

1 Answers will vary.

2 1. S 2. D 3. R 4. As 5. D 6. R 7. St 8. R

3 1. d'accord 2. passer 3. livres 4. envie 5. copains 6. oublient

4 a. 2 b. 4 c. 1 d. 5 e. 3

5 1. b 2. e 3. a 4. e 5. c

6 1. Faux. 2. Vrai. 3. Faux. 4. Vrai. 5. Faux. 6. Vrai.

7 Answers will vary.

STRUCTURES

2B.1

1 1. d'étudier 2. ans 3. des insectes 4. visiter la France 5. le matin 6. décembre

2 1. b 2. a 3. c 4. a

3 1. J'ai un ordinateur. 2. Vous avez trois cahiers. 3. Nous avons un professeur intéressant. 4. Tu n'as pas de cours aujourd'hui. 5. Ils ont des calculatrices. 6. Jules et Odile ont un examen demain. 7. Yves n'a pas de problème. 8. Je n'ai pas les yeux bleus.

4 1. avons besoin 2. avez envie 3. ont tort 4. as de la chance 5. a froid 6. ai peur

5 Answers may vary. Possible answers: 1. a chaud. 2. a 21 ans. 3. ont envie de manger. 4. ont froid.

6 Answers will vary.

Cahier de l'élève

2B.1: Audio activities

4 1. b 2. a 3. a 4. b 5. a 6. b

2B.2

1 1. Il est cinq heures moins le quart. 2. Il est midi sept. 3. Il est huit heures moins deux.
4. Il est deux heures et quart. 5. Il est six heures et demie. 6. Il est une heure vingt.

2 1. 15h40 2. 6h00 3. 21h15 4. 12h00
5. 13h10 6. 10h45 7. 17h05 8. 23h50
9. 1h30 10. 22h00

3 1. midi et demie 2. une heure dix de l'après-midi
3. huit heures moins le quart du matin 4. onze heures moins dix du soir 5. neuf heures et quart du matin 6. sept heures moins vingt du soir
7. trois heures cinq du matin
8. trois heures et demie de l'après-midi

4 1. une heure moins vingt-cinq 2. une heure cinq
3. cinq heures vingt 4. huit heures et quart
5. quatre heures vingt

5 Answers will vary.

2B.2: Audio activities

1 1. Vrai. 2. Faux. 3. Vrai. 4. Faux. 5. Vrai.
6. Faux.

3 1. À quelle heure est le cours de biologie? 3:25 p.m. 2. À quelle heure est le cours d'informatique? 12:15 p.m. 3. À quelle heure est le cours de maths? 8:45 a.m. 4. À quelle heure est le cours d'allemand? 2:10 p.m.
5. À quelle heure est le cours de chimie? 6:30 p.m. 6. À quelle heure est le cours de littérature? 11:15 a.m.

PANORAMA

1 1. Faux. 2. Vrai. 3. Vrai. 4. Faux. 5. Vrai.
6. Faux. 7. Vrai. 8. Vrai. 9. Faux. 10. Vrai.

2 1. c 2. a 3. b 4. a 5. b 6. b

3 1. industries 2. euro 3. héroïne 4. femme sculpteur 5. écrivain 6. maritimes 7. trains
8. actrices

4 1. Marseille 2. Lyon 3. Bordeaux 4. Le Havre
5. Strasbourg 6. Aix-en-Provence
7. Toulouse 8. Bourges

Unité 3

CONTEXTES

1

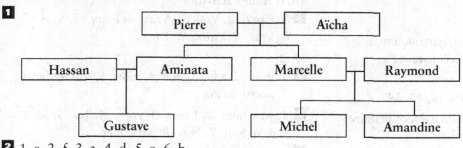

2 1. e 2. f 3. a 4. d 5. c 6. b

3

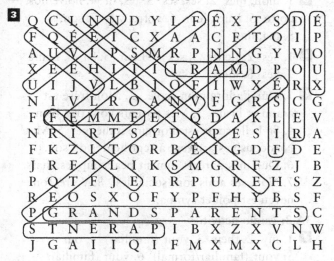

4 1. frère 2. divorcer 3. mari 4. tante 5. petits-enfants 6. fils

5 Answers will vary.

CONTEXTES: AUDIO ACTIVITIES

1 1. Mathilde 2. Myriam 3. Gérard 4. Gérard
5. Lucie 6. Lise 7. Jérôme, Antoine et Tristan
8. Sophie 9. Myriam 10. Sophie

2 1. parents 2. mère 3. sœur 4. frère 5. mère
6. oncle 7. tante 8. enfants 9. cousin
10. cousines 11. père 12. belle-mère
13. demi-frère

LES SONS ET LES LETTRES

4 1. L'époux de ma sœur est mon beau-frère.
2. Le père de ma mère est mon grand-père.
3. Le frère de ma mère est mon oncle.
4. Ma nièce regarde la télévision. 5. Hélène
est la fiancée de mon frère. 6. Michèle est fière
et heureuse. 7. Au lycée, les élèves sont
agréables. 8. J'aime aller à la bibliothèque
l'après-midi.

ROMAN-PHOTO

1 Answers will vary.

2 Check 2, 3, 5, 7, 8, 9

3 1. e 2. h 3. f 4. b 5. g, c 6. a 7. b, d 8. a

4 1. Faux. 2. Vrai. 3. Vrai. 4. Vrai. 5. Faux.
6. Vrai. 7. Faux. 8. Faux. 9. Vrai. 10. Faux.

5 1. le cousin; l'ami 2. Michèle; Amina/timide;
curieuse 3. vingt-quatre; dix-sept 4. adore; déteste
5. espagnol-français; anglais-français/ espagnol;
anglais 6. littérature; chimie 7. quarante-sept;
cinquante 8. célibataire; marié 9. chat; chien
10. pessimiste; optimiste

6 Answers may vary slightly. 1. Non, elle ne mange
pas. 2. Elle a besoin de travailler (encore un peu).
3. Il y a un cahier de chimie, des livres de français,
une calculatrice, un dictionnaire anglais-français et
des photos. 4. Il n'aime pas Charles. 5. Ils ont trois
enfants. 6. C'est une idée géniale parce que Rachid
est un étudiant intelligent et sérieux.

7 Answers will vary.

Answers to **Cahier de l'élève** | **25**

Cahier de l'élève

FLASH CULTURE

2 Answers will vary.

3 **Personnes:** fils, copain, enfant, garçon, ami, fille
Adjectifs: petit, marié, jeune, célibataire, gentil, sportif

4 Check marks: 2, 3, 4, 5, 7, 10, 11, 12, 14

5 1. quatre, cinq 2. sportifs 3. mariée, célibataire 4. romantique 5. chien 6. neveu

6 Answers will vary.

STRUCTURES

3A.1

1 1. grande, roux 2. bruns, courts 3. jolie, laide 4. naïf, vieux 5. fière, beau 6. nouvel, curieux 7. brillants, sérieux 8. bleus, sociable

2 1. J'ai une grande famille. 2. Mon nouvel appartement est petit. 3. La grande salle de classe est vieille. 4. Ma jeune voisine est française. 5. La jolie actrice a un bon rôle. 6. Le gros chat a les yeux verts.

3 1. petit 2. longues 3. beaux/jolis 4. bonne 5. vieille/vieux 6. blonds 7. sociables 8. heureux

4 1. belle/jolie 2. châtains 3. raides 4. verts/ bleus 5. grand 6. noirs 7. courts 8. heureux 9. vieil 10. nouveau 11. beau 12. vieille 13. sympathique 14. bonne

5 **Across:** 3. long 4. blondes 6. vert 7. nerveuse 9. jeune 11. gros **Down:** 1. châtains 2. malheureux 4. bleue 5. court 8. vieux 10. noirs

CONTEXTES

1 1. paresseux 2. cruel 3. gentil 4. génial 5. étranger 6. faible 7. généreux 8. prêt

2 Answers may vary. Possible answers: 1. artiste 2. athlète 3. journaliste 4. ingénieur 5. homme d'affaires 6. avocat 7. médecin/dentiste 8. architecte

3 1. prête, active 2. étranger, favorite 3. fous, pénible 4. jalouse, triste 5. paresseux, travailleur 6. méchants, cruels 7. génial, pénibles 8. gentille, modeste

4 1. faible 2. antipathique/cruel 3. active/ travailleuse 4. lents 5. discrète 6. drôle/intéressant

3A.1: Audio activities

4 1. Faux. 2. Vrai. 3. Vrai. 4. Faux. 5. Vrai. 6. Vrai. 7. Faux. 8. Faux.

3A.2

1 1. mon 2. ton 3. nos 4. mon 5. son 6. leurs 7. notre 8. ma

2 1. Ma, mon 2. Leurs 3. votre 4. Tes 5. Mon, son 6. Son 7. Nos 8. Mes, leur

3 1. mon, mes 2. ses, ses 3. tes, ta 4. notre/nos, notre 5. leurs, leur 6. votre, vos 7. son, sa 8. ma, mes

4 1. Ses 2. Leurs 3. ses 4. Leur 5. Sa 6. Leurs 7. Ses 8. mon

5 1. Oui, j'adore mon école. 2. Mon frère est grand et brun. 3. Mes parents vont très bien. 4. Sa belle-sœur est d'origine italienne. 5. Mes/Nos cousines arrivent à sept heures du soir. 6. Oui, mes parents aiment beaucoup les chats. 7. Non, ses amis sont sociables. 8. Votre/Ton neveu est poli et sympa.

3A.2: Audio activities

1 1. my 2. their 3. your (familiar) 4. our 5. your (familiar/formal) 6. your (familiar/ formal) 7. his/her 8. my

2 1. b 2. a 3. b 4. b 5. a 6. b 7. b 8. b

5 1. Le dentiste et le médecin sont généreux et modestes. 2. L'avocate est généreuse et modeste. 3. L'artiste est étrangère et sympathique. 4. L'architecte est étranger et sympathique. 5. La journaliste et l'homme d'affaires sont ennuyeux et antipathiques. 6. L'avocat est ennuyeux et antipathique.

6 a. fatiguée b. femme d'affaires c. musicien d. inquiet e. courageux/courageuse. f. dentiste g. gentil/sociable h. rapide

CONTEXTES: AUDIO ACTIVITIES

1 1. logique 2. logique 3. logique 4. illogique 5. illogique 6. logique 7. logique 8. illogique

2 1. actif/sportif 2. drôle 3. cruel/mauvais
4. intelligent 5. homme d'affaires 6. architecte

3 a. 8 b. 1 c. 2 d. 5/6 e. 4

LES SONS ET LES LETTRES

4 1. Le frère aîné de Marie s'appelle André.
2. Le garçon étudie sa leçon de français.
3. Ça va comme ci, comme ça.
4. François est égoïste et pénible.
5. Il a un diplôme de l'Université du Texas.
6. Ma maison, c'est mon château.

ROMAN-PHOTO

1 Answers will vary.

2 1. A 2. R 3. S 4. S 5. R 6. St 7. D 8. R

3 1. e 2. b 3. f 4. c

4 Check 3, 7, 9

5 1. b 2. a 3. c 4. b 5. c 6. b 7. a 8. c

6 Answers may vary slightly. 1. Le téléphone est sur la table, à côté de la porte. 2. Stéphane appelle Sandrine au téléphone. 3. Stéphane pense que Sandrine est pénible parce qu'elle parle beaucoup de Pascal. 4. La famille de Rachid est grande: il y a ses grands-parents, ses parents, ses sœurs et son frère. 5. Ils préparent le bac parce que Stéphane a envie d'être architecte/parce qu'il a peur de sa mère.

7 Answers will vary.

STRUCTURES
3B.1

1 1. soixante-quatorze 2. soixante-dix-huit
3. quatre-vingt-dix-huit 4. soixante et un
5. cent 6. quatre-vingt-cinq 7. quatre-vingt-trois
8. quatre-vingt-douze

2 1. quatre euros quatre-vingt-dix-huit 2. quatre-vingt-sept euros soixante-dix 3. quatre euros quatre-vingt-dix 4. soixante et un euros quatre-vingt-trois 5. neuf euros quatre-vingt-dix
6. huit euros quatre-vingt-neuf

3 1. Provins est à quatre-vingt-onze kilomètres de Paris. 2. Fontainebleau est à soixante-six kilomètres de Paris. 3. Beauvais est à soixante-dix-huit kilomètres de Paris. 4. Évreux est à quatre-vingt-seize kilomètres de Paris. 5. Épieds est à quatre-vingt-quatre kilomètres de Paris. 6. Pithiviers est à quatre-vingt-quatorze

kilomètres de Paris. 7. Chartres est à quatre-vingt-huit kilomètres de Paris. 8. Soissons est à cent kilomètres de Paris.

4 1. Malika habite au quatre-vingt-dix-sept rue Bois des cars. 2. Amadou habite au soixante-six avenue du Général Leclerc. 3. Martine habite au soixante-treize rue Vaugelas. 4. Jérôme habite au quatre-vingt-un rue Lamartine.
5. Guillaume habite au cent rue Rivoli.
6. Nordine habite au quatre-vingt-onze rue Molière. 7. Géraldine habite au soixante-sept avenue Voltaire. 8. Paul habite au soixante-dix-huit rue de l'Espérance.

5 Across: 4. quatre-vingt-onze 6. quatre-vingt-deux 7. soixante-trois 8. quatre-vingt-neuf
9. soixante-seize Down: 1. quatre-vingt-huit
2. soixante-dix 3. quatre-vingt-dix-neuf 5. cent
6. quatre-vingt-dix

3B.1: Audio activities

1 1. Cloé: 01.47.42.11.33 2. Justin:
01.82.15.21.57 3. Ibrahim: 02.37.69.92.13
4. Cassandre: 05.77.81.12.54
5. Lolita: 03.71.19.51.29 6. Yannis:
04.21.11.99.36 7. Omar: 08.37.14.48.76
8. Sara: 02.85.91.12.51

3 Pour: Alban; De: Catherine; Téléphone:
01.78.61.94.81; Message: Catherine a envie d'étudier avec toi demain après-midi.

3B.2

1 1. à côté/près 2. derrière 3. à droite de
4. près/à côté 5. en face de 6. sur
7. dans 8. sous

2 1. Chez 2. dans 3. près/juste à côté 4. juste à côté 5. Entre 6. en 7. sur

3 1. devant 2. dans 3. sur 4. à côté 5. près de
6. loin de 7. entre 8. dans

4

le restaurant universitaire   le lycée   la bibliothèque
le café
le dentiste   Chez Léon   chez moi   l'université

Cahier de l'élève

5 1. sous 2. derrière 3. à gauche de 4. loin de 5. dans 6. tout près/près

6 1. sur le bureau 2. sous le bureau 3. entre le bureau et la corbeille à papier 4. à gauche du bureau/à côté du bureau/près du bureau 5. à droite du bureau/à côté du bureau/près du bureau 6. dans le bureau 7. derrière le bureau 8. loin du bureau

3B.2: Audio activities

1 1. Vrai. 2. Faux. 3. Faux. 4. Vrai. 5. Faux. 6. Faux. 7. Vrai. 8. Faux.

3 1. Francine habite sur le campus. 2. La résidence est loin des salles de classe. 3. Le gymnase est à côté de la résidence. 4. La bibliothèque est en face du café. 5. Le cinéma est derrière le café. 6. Le restaurant universitaire est en face de la bibliothèque.

PANORAMA

1 1. Vrai. 2. Vrai. 3. Faux. Il y a plus de cent cinquante musées à Paris. 4. Faux. Charles

Baudelaire est un célèbre poète français. 5. Vrai. 6. Vrai. 7. Faux. Paris-Plage consiste en trois kilomètres de sable et d'herbe installés sur les quais de la Seine. 8. Faux. L'architecte américain I. M. Pei a créé la pyramide de verre qui marque l'entrée principale du musée. 9. Faux. Des entrées du métro sont construites dans le style Art Nouveau. 10. Vrai.

2 1. les catacombes 2. l'Arc de Triomphe 3. le Louvre 4. Paris-Plages 5. Édith Piaf 6. l'opéra Garnier

3 1. capitale 2. neuf millions 3. arrondissements 4. *La Joconde* 5. la tour Eiffel 6. Sous 7. les catacombes 8. sept millions 9. anciens cimetières 10. 1898

4 1. Victor Hugo 2. un maire 3. Rodin 4. des squelettes 5. l'Exposition universelle. 6. Art Nouveau
Voici trois industries principales de la France: les finances, la technologie, le tourisme

CONTEXTES

1

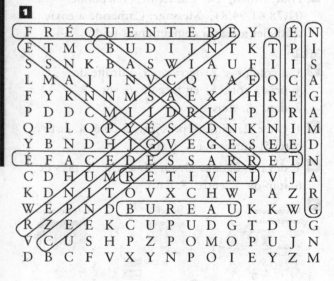

2 1. d; Elle danse dans une/en boîte de nuit. 2. e; Elle marche dans un parc. 3. f; Elle mange un couscous dans un/au restaurant. 4. a; Elle regarde un film français dans un/au cinéma. 5. c; Elle nage dans une/à la piscine. 6. b; Elle habite dans une maison. 7. h; Elle achète des fruits dans une épicerie. 8. g; Elle trouve un magazine de mode dans un kiosque.

3 1. un musée 2. un cinéma 3. un bureau 4. une église 5. un cinéma 6. une montagne

4 1. un kiosque 2. épicerie 3. cinéma 4. maison, passer chez 5. invite 6. gymnase 7. nager 8. bavarder

5 1. gymnase 2. piscine 3. maison 4. restaurant 5. dépenser de l'argent 6. musée 7. cinéma 8. danser

CONTEXTES: AUDIO ACTIVITIES

1 1. a 2. a 3. b 4. b 5. a 6. b 7. a 8. a

2 1. d 2. a 3. e 4. c 5. b 6. f

3 1. a 2. b 3. b 4. b

LES SONS ET LES LETTRES

4 1. Marine adore le cinéma le jeudi après-midi.
2. Ce kiosque près de l'église est très pratique.
3. J'adore ce lieu. 4. Tu passes au café plus tard?
5. Je cherche ma calculatrice. 6. Regarde sous
ton cahier. 7. Il y a une épicerie à côté du musée.
8. Raphaël n'est pas là aujourd'hui.

ROMAN-PHOTO

1 Answers will vary.

2 1. P 2. S 3. P 4. D 5. S 6. A 7. S 8. A
9. D 10. S

3 Checked items: 2, 3, 6, 7

4 1. qui 2. Quoi 3. où 4. près de, en face
5. combien 6. sur 7. centre-ville, banlieue
8. Pourquoi

5 1. bavarder 2. centre-ville 3. petit ami
4. épicerie 5. église 6. chic 7. jolie 8. actrice

6 a. 1 b. 5 c. 4 d. 2 e. 3

7 Answers will vary.

STRUCTURES

4A.1

1 1. vas 2. vais 3. va 4. allons 5. allez 6. vais
7. vais 8. allons

2 1. à la 2. en 3. au 4. au, à la 5. au

3 Answers will vary slightly. 1. Nous allons au
parc. Nous allons explorer le parc.
2. Véronique va au gymnase. Elle va patiner.
3. Hélène et Marc vont à la piscine. Ils vont
nager. 4. Annie et Sarah vont au cinéma. Elles
vont regarder un film.

4 1. à 2. à 3. au 4. dans 5. à 6. au 7. à
8. à 9. sur

5 1. je vais étudier à la bibliothèque. 2. je vais
chercher des oranges au marché. 3. je vais aller
au cinéma. 4. je vais parler au prof de français.

5. je vais rencontrer Théo au café. 6. je vais aller
au centre-ville. 7. je vais téléphoner à mes
parents. 8. je vais commencer à étudier.

4A.1: Audio activities

1 1. il/elle/on 2. ils/elles 3. vous 4. il/elle/on
5. nous 6. ils/elles 7. il/elle/on 8. je

4 1. présent 2. futur 3. futur 4. futur 5. présent
6. futur 7. présent 8. présent

4A.2

1 1. Comment est-ce que vous vous appelez?
2. Où est-ce que vous habitez? 3. Quel est votre
cours favori? 4. À quelle heure est-ce que les
cours commencent? 5. Quel est votre restaurant
chinois préféré? 6. Quand est-ce que vous allez
au marché? 7. Pourquoi est-ce que vous allez au
gymnase le mardi soir?

2 1. Comment 2. Où 3. Qu'est-ce que
4. Pourquoi 5. Quels 6. Combien

3 1. Quel 2. quelle 3. Quel 4. Quels
5. Quelles 6. Quel 7. Quels 8. Quelles

4 Answers may vary. 1. Comment ça va?
2. Quand est-ce que les cours commencent?
3. Quels cours est-ce que tu as? 4. Qui est ton
professeur de chimie? 5. Où est-ce que tu
habites? 6. quelle heure est-il?

5 Answers may vary. Suggested answers:
1. Qui va au marché dimanche? Où est-ce que
Laëtitia va dimanche? 2. Combien d'étudiants y
a-t-il à la terrasse du café? Où sont les étudiants?
3. Qui va manger au restaurant avec les
nouveaux élèves? Où vont-ils manger avec les
nouveaux élèves? 4. Où vas-tu samedi soir?
Quand vas-tu en boîte?

4A.2: Audio activities

1 1. Logique 2. Illogique 3. Logique 4. Illogique
5. Illogique 6. Logique 7. Logique 8. Illogique

4 1. Pauline aime son nouvel appartement parce
qu'il est grand. 2. Il est au centre-ville, près du
parc. 3. Elle est très sympa. 4. Deux personnes
travaillent au musée, Pauline et sa cousine.

CONTEXTES

1 **Boissons:** boisson gazeuse, café, chocolat, eau minérale, jus d'orange, (lait), limonade, thé. **Pains/desserts:** baguette, croissant, éclair, pain de campagne. **Produits laitiers:** beurre, fromage, lait. **Autres:** (beurre), jambon, sandwich, soupe, sucre.

2 1. b 2. c 3. a 4. c 5. b 6. a 7. b 8. c

3 1. un café 2. du sucre 3. un sandwich 4. des frites 5. une eau minérale/une boisson gazeuse 6. une limonade/une boisson gazeuse

4 1. un jus 2. le sucre 3. l'addition 4. un sandwich 5. des frites 6. une baguette 7. un serveur 8. un pourboire

5 1. une bouteille d' 2. un verre de 3. une tasse de 4. plusieurs 5. un peu de 6. un morceau de 7. pas assez de 8. tous les

CONTEXTES: AUDIO ACTIVITIES

1 1. limonade 2. sandwich 3. beurre 4. soif 5. verre/tasse 6. soupe

2 1. Illogique 2. Logique 3. Illogique 4. Illogique 5. Logique 6. Illogique 7. Logique 8. Logique

3 1. b 2. d 3. c 4. a

4 1. au café 2. lait 3. jambon beurre 4. fromage 5. de la soupe 6. bavarde 7. serveurs 8. pourboire

LES SONS ET LES LETTRES

4 1. On a faim! Merci pour les croissants! 2. Une boisson gazeuse et un sandwich au jambon, s'il vous plaît! 3. Ta maison est loin. 4. Vous aimez le fromage avec le pain? 5. Un jeune garçon américain travaille ici. 6. Nous n'avons pas l'addition. 7. On va aller au restaurant près du grand magasin. 8. Mes voisins sont intelligents.

ROMAN-PHOTO

1 Answers will vary.

2 1. S, A 2. S 3. D 4. R 5. S, A 6. D, R

3 1. Sandrine 2. personne 3. Sandrine, Amina 4. Sandrine 5. Sandrine, Amina 6. Amina 7. personne 8. Amina

4 1. c, d 2. b, f 3. e 4. b 5. d 6. c, d

5 Answers will vary. Possible answers: 1. Amina a envie de manger un sandwich jambon-fromage avec des frites. 2. Amina et Sandrine vont au café. 3. Rachid a un examen de sciences po. 4. Valérie sert une soupe de poisson. 5. Amina et Sandrine boivent de l'eau minérale. 6. Valérie explique l'erreur de l'addition à Michèle./Michèle explique l'erreur de l'addition aux clients.

6 1. b 2. b 3. a 4. a 5. b

7 Answers will vary.

FLASH CULTURE

2 Answers will vary.

3 1. nourriture 2. nourriture 3. boisson 4. nourriture 5. boisson 6. boisson 7. nourriture 8. boisson 9. nourriture 10. nourriture 11. nourriture 12. nourriture

4 These items should be checked: 1, 2, 6, 8, 9, 11

5 1. e 2. a 3. d 4. b 5. c

6 Answers will vary.

STRUCTURES

4B.1

1 1. prends 2. prendre 3. prenons 4. boivent 5. buvons 6. bois 7. boit 8. prennent 9. prenez 10. buvez

2 1. Est-ce que tu bois un thé? Oui, je bois un thé. 2. Est-ce que nous prenons des croissants? Non, nous ne prenons pas de croissants. 3. Est-ce qu'ils prennent une soupe? Oui, ils prennent une soupe. 4. Est-ce que vous buvez de l'eau? Oui, nous buvons de l'eau. 5. Est-ce qu'elle prend un sandwich? Non, elle ne prend pas de sandwich. 6. Est-ce que nous prenons des frites? Oui, vous prenez des frites. 7. Est-ce que tu bois un chocolat chaud? Non, je ne bois pas de chocolat chaud. 8. Est-ce que Floriane et Nathalie boivent un jus d'orange? Oui, Floriane et Nathalie/elles boivent un jus d'orange.

3 1. Je prends un/du café. 2. Vous prenez un sandwich. 3. Elles prennent une/de la limonade. 4. Tu prends des frites. 5. Nous prenons une/de l'eau minérale. 6. Il prend deux/des croissants.

4 1. du 2. de 3. de l' 4. du 5. des 6. du 7. un 8. du 9. de 10. de 11. de 12. du

4B.1: Audio activities

1 1. comprendre 2. apprendre 3. boire 4. prendre 5. boire 6. apprendre 7. comprendre 8. prendre

2 1. b 2. b 3. a 4. b

3 1. a 2. b 3. b 4. a 5. a 6. b 7. a 8. a

4B.2

1 1. une bonne résolution 2. une mauvaise résolution 3. une bonne résolution 4. une bonne résolution 5. une bonne résolution 6. une mauvaise résolution 7. une bonne résolution 8. une bonne résolution

2 1. choisissons 2. choisis 3. choisissent 4. choisis 5. choisissez 6. choisit

3 1. grossit 2. finissent 3. maigris 4. rougit 5. Réfléchissez 6. choisissons 7. réussis 8. obéis à

4 1. maigris 2. choisit 3. réfléchit 4. réussit 5. grossis 6. obéissent

5 Answers will vary. Possible answers: 1. Vous maigrissez Madame Leclerc? 2. Tu choisis, finalement? 3. Est-ce que Méhdi obéit à sa mère? 4. Est-ce que Peter réussit ses examens 5. Est-ce que tu grossis?

4B.2: Audio activities

3 1. Illogique 2. Logique 3. Illogique 4. Logique 5. Logique 6. Illogique 7. Illogique 8. Logique

4 Answers may vary. Possible answers: 1. Léa est heureuse parce qu'elle finit ses examens aujourd'hui. 2. Elle espère réussir. 3. Ils choisissent le restaurant «À la bonne table». 4. Antoine choisit un sandwich avec des frites. 5. Non, il n'a pas peur de grossir. 6. Léa choisit de prendre une salade pour maigrir un peu.

PANORAMA

1 1. Mont-Saint-Michel 2. Carnac 3. Giverny 4. Bretagne 5. Normandie 6. Deauville

2 1. Les falaises d'Étretat 2. le Mont-Saint-Michel 3. Giverny 4. Guy de Maupassant

3 1. Faux. C'est au Mont-Saint-Michel qu'il y a les plus grandes marées d'Europe. 2. Vrai. 3. Vrai. 4. Faux. Le camembert est vendu dans une boîte en bois ronde. 5. Vrai. 6. Faux. Claude Monet est le peintre des «Nymphéas» et du «Pont japonais». 7. Faux. Il y a 3.000 menhirs et dolmens à Carnac. 8. Vrai.

4 1. Carnac est en Bretagne. 2. Les menhirs sont alignés ou en cercle. 3. Les menhirs ont une fonction rituelle. Les dolmens ont une fonction culturelle. 4. La fonction des menhirs est associée au culte de la fécondité ou à des cérémonies en l'honneur du soleil. 5. La fonction des dolmens est associée au rite funéraire du passage de la vie à la mort. 6. Deauville est célèbre pour sa marina, ses courses hippiques, son casino, ses grands hôtels et son festival du film américain.

5

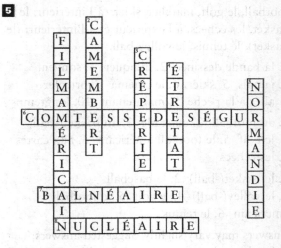

Unité 5

CONTEXTES

1

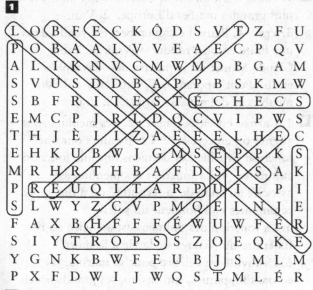

2 à l'extérieur: aller à la pêche, le baseball, le football, le golf, marcher, skier. à l'intérieur: le basket, les échecs. à l'extérieur et à l'intérieur: (le basket), le tennis, le volley-ball.

3 1. la bande dessinée 2. indiquer 3. souvent 4. jamais 5. skier 6. le cinéma 7. bricoler 8. aller à la pêche 9. maintenant 10. longtemps

4 1. au football 2. au stade 3. au basket(-ball) 4. le golf 5. le football américain 6. aux cartes 7. les échecs

5 1. le basket(-ball) 2. le baseball 3. le volley(-ball) 4. le golf 5. le football américain 6. le tennis

6 Answers may vary slightly. Suggested answers: 1. Sandrine chante souvent. 2. David et Rachid jouent aux échecs deux fois par semaine. 3. David et Rachid jouent au football maintenant. 4. David et Sandrine marchent parfois dans le parc.

CONTEXTES: AUDIO ACTIVITIES

1 1. désirer 2. tennis 3. bureau 4. match 5. bande dessinée 6. bricoler 7. maison 8. jeu

2 1. a 2. a 3. b 4. a 5. b 6. b 7. b 8. a

3 **la femme: matin:** jouer au tennis **midi:** préparer à manger **après-midi:** aller en ville avec mes amies **soir:** aller à un spectacle
l'homme: matin: aller à la pêche **midi:** apporter les boissons **après-midi:** regarder un match à la télévision **soir:** jouer aux cartes avec mon cousin

Leçon 5A

LES SONS ET LES LETTRES

4 1. Je n'aime pas pratiquer le golf quand il pleut. 2. Est-ce que tu joues souvent aux échecs ou aux cartes? 3. D'accord. 4. Vous apportez ctte bouteille d'eau et j'apporte les verres. 5. Ce soir, nous regardons un film et après, nous bavardons. 6. On joue au tennis le lundi, au football le mardi et au volley le jeudi. 7. Je prends parfois des bandes dessinées à la bibliothèque. 8. Il est triste, il n'y a pas de spectacle ce soir.

ROMAN-PHOTO

1 Answers will vary.
2 1. D 2. R 3. D 4. S 5. R 6. R
3 Checked items: 1, 2, 4, 6, 7, 8, 9, 11, 12, 13
4 1. l'histoire-géo 2. le foot 3. les sports 4. du ski 5. de la planche à voile 6. nager
5 1. a 2. b 3. c 4. c 5. c 6. b
6 Answers will vary.
7 Answers will vary.

FLASH CULTURE

1 Answers will vary.
2 Answers will vary.
3 a. 4 b. 6 c. 2 d. 3 e. 5 f. 1 g. 10 h. 7 i. 8 j. 9
4 Answers will vary. Possible answers: À l'intérieur: faire de la musique, dessiner, aller au cinéma, faire de la gym, danser En plein air: faire de la planche à voile, faire du vélo, jouer au tennis, nager, faire une randonnée
5 Answers will vary. Possible answers: 1. a recreation center for young people 2. a game in which people toss metal balls
6 Answers will vary.

STRUCTURES

5A.1
1 1. fais 2. faisons 3. faire 4. fait 5. font 6. font 7. faites 8. fais
2 1. de l' 2. du 3. de la 4. de 5. du 6. une 7. du 8. la
3 1. faire de l' 2. jouer au 3. (jouer) au 4. faire du 5. (faire) du 6. jouer au 7. faire du 8. (faire) une/de la 9. jouer aux 10. faire de la 11. jouer au 12. faire la

4 Answers may vary slightly. 1. Ils font du jogging.
2. Il fait du vélo. 3. Elle fait la cuisine. 4. Elle
fait du sport./Elle fait de l'aérobic. 5. Ils font du
sport. 6. Il fait la connaissance d'une fille./Elle
fait la connaissance d'un garçon.

5 Answers may vary. Suggested answers: 1. Il faut
faire une/de la randonnée. 2. Il faut faire la
connaissance de nouveaux élèves. 3. Il faut faire
du jogging. 4. Il faut faire du vélo. 5. Il faut
faire la cuisine pour les amis.

5A.1: Audio activities

1 1. faisons 2. fais 3. font 4. faites 5. fais
6. fait 7. font 8. faisons

4 1. fait 2. fait 3. fait 4. font 5. faisons 6. fais
7. font 8. faites

CONTEXTES

1 1. l'été 2. l'hiver 3. l'été 4. le printemps
5. l'automne 6. l'été 7. le printemps 8. l'été
9. l'hiver 10. l'été

2 Answers may vary slightly. 1. Il fait du vent et il
fait froid. La température minimum est de 2
degrés. La température maximum est de 5 degrés.
2. Il pleut et il fait chaud. La température
minimum est de 22 degrés. La température
maximum est de 25 degrés. 3. Il fait soleil et il
fait chaud. La température minimum est de 27
degrés. La température maximum est de 31
degrés. 4. Le temps est nuageux et il fait bon. La
température minimum est de 12 degrés. La
température maximum est de 20 degrés.

3 1. temps 2. degrés 3. imperméable 4. soleil
5. printemps 6. frais 7. avril 8. date
9. anniversaire 10. beau

4 1. Vrai. 2. Faux. Il fait soleil en été./Il fait un
temps épouvantable en hiver. 3. Faux. Quand le
temps est nuageux, il fait frais./il pleut./Quand il
fait beau, il fait soleil. 4. Vrai.
5. Vrai. 6. Faux. Avril, c'est au printemps.
7. Faux. Quand il fait 30 degrés, il fait chaud.
8. Faux. Answers will vary. L'automne/L'hiver/Le
printemps/L'été est ma saison préférée.

5A.2

1 1. dors 2. sortent 3. sors 4. cours
5. courent 6. sent 7. partir 8. partons
9. sens 10. sert

2 Answers may vary. Suggested answers: 1. Il dort
chez lui. 2. Il sort de sa maison.
3. Elle sent une tomate. 4. Elle part en train.
5. Elle sert un café. 6. Ils courent dans le parc.

3 1. sortent 2. partent 3. sert 4. courent
5. dort 6. sens 7. sors 8. part

4 Answers will vary.

5A.2: Audio activities

2 1. sentir 2. servir 3. partir 4. sortir 5. dormir
6. courir 7. partir 8. sortir

4 a. 6 b. 3 c. 5 d. 8 e. 4 f. 1

Leçon 5B

CONTEXTES: AUDIO ACTIVITIES

1 Answers may vary: a. 4, 5 b. 2, 5 c. 2, 3
d. 1, 2, 6

2 1. vent 2. bon 3. printemps 4. janvier
5. beau 6. 2 mars

LES SONS ET LES LETTRES

4 1. Il fait mauvais cette semaine. 2. En cette
saison, j'aime marcher et aller à la pêche.
3. Je vais passer chez mes parents cet après-midi.
4. Ici, il fait frais en juillet. 5. Cet été, c'est son
premier anniversaire. 6. C'est en mai, mais on
commence à étudier en février. 7. J'ai un
problème et je suis inquiète. 8. Elle
est américaine, mais son frère est mexicain.

ROMAN-PHOTO

1 Answers will vary.

2 Checked items: 1, 7, 11

3 a. 2 b. 4 c. 1 d. 6 e. 3 f. 5

4 1. D 2. S 3. S 4. R 5. S 6. R

5 1. c 2. b 3. d 4. d 5. c

6 1. Vrai. 2. Faux. 3. Faux. 4. Vrai. 5. Faux.
6. Faux.

7 Answers will vary.

Cahier de l'élève

5B.1

1 1. cent vingt-sept euros 2. cent quatre-vingt-dix-neuf euros 3. deux cent trente-cinq euros 4. quatre cent cinquante et un euros 5. trois cents euros 6. deux cent deux euros 7. quatre cent quatre-vingts euros 8. trois cent soixante-treize euros

2 1. 1534 2. 1791 3. 5.800.000 4. 591.000 5. 1.553.637 6. 7.568.640 7. 86.416.057 8. 41.507

3 1. Cent quatre-vingt-dix-neuf et huit cent un font mille. 2. Vingt huit mille moins treize mille égale quinze mille. 3. Huit cent vingt-six multiplié par quatre égale trois mille trois cent quatre. 4. Mille huit cent divisé par deux font neuf cents.

4 1. Il y a cent un livres d'Ampâté Bâ. 2. Il y a deux cent quatre-vingt-dix-neuf dictionnaires français-anglais. 3. Il y a deux mille quatre cent trente-cinq crayons. 4. Il y a trois mille cent vingt-trois cahiers. 5. Il y a six mille sept cent quatre-vingt-deux stylos.

5 Answers will vary.

5B.1: Audio activities

1 1. 104 2. 184 3. 318 4. 1.999 5. 6.745 6. 200.003 7. 9.021 8. 850.000

2 1. 199 2. 375.000 3. 500.000.000 4. 650 5. 3.175 6. 1.290

3 1. Vrai. 2. Faux. 3. Vrai. 4. Faux. 5. Faux. 6. Vrai.

5B.2

1 1. achète 2. préfèrent 3. emploient 4. nettoie 5. espère 6. célèbre 7. envoyez 8. essayez

2 Answers may vary slightly. 1. Il envoie une lettre. 2. Elle nettoie la table. 3. Il essaie de comprendre. 4. Elle paie le monsieur./Elle achète un magazine.

3 1. espère 2. envoie 3. préfèrent 4. répétons 5. essayons 6. considèrent 7. payer 8. protèges 9. célébrons 10. achètes

4 1. J'envoie des e-mails à mes amis et à mes professeurs. 2. J'amène mon ordinateur et des crayons. 3. Mon professeur emploie des livres en français. 4. Les élèves sérieux préfèrent étudier à la bibliothèque. 5. Mon cousin et moi, nous achetons des CD de musique française. 6. Les élèves répètent les mots parce qu'ils essayent

d'avoir un bon accent. 7. Mes parents envoient des lettres à mon frère. 8. Nous célébrons la Révolution française.

5B.2: Audio Actitivites

1 1. b 2. a 3. b 4. b

4 1. emmener 2. acheter 3. posséder 4. espérer 5. payer 6. célébrer 7. nettoyer 8. protéger

PANORAMA

1 1. Jules Verne 2. George Sand 3. La Loire 4. Chambord

2 1. Le château de Chambord est construit au XVIe siècle. 2. Le château de Chambord possède 440 pièces. 3. Les deux escaliers en forme de double hélice vont dans la même direction, mais ne se croisent jamais. 4. L'autre nom de la vallée de la Loire est la vallée des rois. 5. François Ier inaugure le siècle des «rois voyageurs». 6. Les trois châteaux les plus visités sont Chenonceau, Chambord et Amboise.

3 1. Bourges 2. dizaines, milliers 3. Mans, endurance automobile 4. mille neuf cent vingt-trois (1923) 5. trois cent quatre-vingt (380) 6. quatre cent millions

4 1. Faux. Le tourisme est l'industrie principale du Centre. 2. Vrai. 3. Faux. George Sand est une femme. C'est un écrivain. 4. Faux. Léonard de Vinci influence l'architecture du château de Chambord. 5. Faux. François Ier va de château en château avec la cour et toutes ses possessions. 6. Vrai. 7. Faux. Yves Montand est un chanteur/un musicien. 8. Faux. Le Sauvignon et le Chardonnay représentent 75% de la production de vin dans la vallée de la Loire.

5

	¹V	A	L	O	I	S						
²P	O	R	S	C	H	E						
			³G	E	O	R	G	E	S	A	N	D
⁴R	E	N	A	I	S	S	A	N	C	E		
					⁵A	V	R	I	L			
				⁶T	O	U	R	I	S	M	E	
⁷G	É	R	A	R	D	D	E	P	A	R	D	I	E	U
					D							
					E							
				⁸V	I	E	R	Z	O	N		
⁹S	E	R	G	E	G	A	I	N	S	B	O	U	R	G
¹⁰C	H	A	R	D	O	N	N	A	Y			
¹¹C	H	E	N	O	N	C	E	A	U			
				¹²V	I	G	N	E	R	O	N	

Unité 6

CONTEXTES

1 Order and answers may vary. 1. l'adolescence, l'âge adulte 2. célibataire, marié(e) 3. l'enfance, la vieillesse 4. la mort, la vie 5. un hôte, des invités 6. un biscuit, un gâteau

2 1. logique 2. illogique 3. logique 4. logique 5. illogique 6. logique 7. logique 8. illogique

3 1. la naissance 2. l'enfance 3. l'adolescence 4. la jeunesse 5. l'âge adulte 6. la vieillesse

4 1. férié 2. fêter 3. organise 4. jus de pomme 5. cadeau/gâteau 6. cadeau/gâteau

5 1. d 2. b 3. c 4. g 5. e 6. a 7. f

6 Answers will vary.

CONTEXTES: AUDIO ACTIVITIES

1 1. Illogique 2. Illogique 3. Logique 4. Logique 5. Illogique 6. Illogique 7. Logique 8. Illogique

2 1. c 2. b 3. a 4. b

3 Answers may vary slightly. 1. Véronique organise une fête pour son amie, Charlotte. 2. La fête est samedi prochain. 3. On organise cette fête parce que c'est l'anniversaire de Charlotte. Elle va avoir vingt ans. 4. Elle invite quelques amis de l'université. 5. Marc et Nathalie achètent le cadeau. Ils vont trouver un cadeau original. 6. Benoît apporte de la musique. 7. Le gâteau est au chocolat. 8. Les invités vont danser à la fête toute la soirée.

LES SONS ET LES LETTRES

4 1. Jérôme donne un joli tableau à Rose pour sa fête. 2. Ce soir, Paul et Charlotte vont manger dans un nouveau restaurant japonais. 3. Je bois un chocolat chaud et un jus d'orange tôt le matin. 4. L'hôtesse fait des décorations pour sa maison. 5. Pour l'anniversaire de Pauline, il y a un gros gâteau et de beaux cadeaux. 6. Nos copains sont marocains.

ROMAN-PHOTO

1 Answers will vary.

2 Checked items: 2, 3, 5

3 1. S 2. S 3. V 4. V 5. V 6. S 7. V 8. S

4 1. c 2. a 3. b 4. a 5. a

5 1. Vrai. 2. Faux. 3. Vrai. 4. Faux. 5. Vrai. 6. Faux.

6 Answers will vary.

7 Answers will vary.

FLASH CULTURE

2 Answers will vary.

3 a. 4 b. 3 c. 2 d. 5 e. 1

4 1. a 2. e 3. b 4. c 5. d 6. f

5 1. janvier 2. printemps 3. juillet 4. décembre 5. juin

6 1. Faux. 2. Vrai. 3. Faux. 4. Faux. 5. Faux.

7 Answers will vary.

STRUCTURES

6A.1

1 1. cette 2. Ce 3. cette 4. Cet 5. ces 6. ces

2 1. ce cadeau 2. Cette limonade / Cette boisson 3. Cette glace 4. Ces bonbons 5. Ces boissons 6. Ce gâteau

3 1. ci 2. ci 3. là 4. ci 5. là

4 Order may vary. 1. Ce cadeau est petit mais il est sympa. 2. Cet après-midi, on va fêter l'anniversaire d'Hervé. 3. Cette glace est parfumée au chocolat. 4. Ces glaçons sont pour les boissons. 5. Ces choses vont sur la table.

5 Answers will vary.

6A.1: Audio activities

1 1. cette 2. ce 3. ces 4. cet 5. cette 6. cet 7. cette 8. cet

6A.2

1 1. à la fête de Julie 2. à la fête de Julie 3. ailleurs 4. à la fête de Julie 5. ailleurs 6. ailleurs 7. à la fête de Julie 8. ailleurs 9. à la fête de Julie 10. à la fête de Julie

2 Answers may vary. 1. donné un cadeau 2. mangé de gâteau 3. dormi 4. plu 5. pris des photos 6. mangé

3 1. organisé 2. couru 3. pris 4. fait 5. payé 6. oublié 7. cherché 8. été

4 Answers will vary. Suggested answers: 1. Qu'est-ce que tu as apporté à la fête? 2. Qu'est-ce que vous avez fait hier soir ? 3. Tu as étudié pour l'examen de maths? 4. Vous avez nettoyé la cuisine hier? 5. Tu as pris une glace? 6. Est-ce qu'il a fait beau ce matin?

6A.2: Audio activities

1 1. passé composé 2. passé composé 3. présent 4. passé composé 5. présent 6. présent
7. passé composé 8. présent

4 **Est déjà préparé:** le champagne, les jus de fruit, l'eau minérale, la mousse au chocolat, le gâteau, les biscuits, différentes glaces, le cadeau
N'est pas encore préparé: les sodas, les bonbons, la glace au café, le paquet-cadeau

CONTEXTES

1 1. un sac à main 2. des lunettes de soleil
3. une casquette 4. une chaussure 5. un chapeau
6. des chaussettes

4 Answers will vary. Suggested answers: **En été, on porte…** 1. une chemise à manches courtes 2. des lunettes de soleil 3. un maillot de bain 4. un short 5. un tee-shirt **En hiver, on porte…** 1. un anorak 2. une écharpe 3. des gants 4. un manteau 5. un pull

3 Answers will vary.

4 1. Elle aime 2. Elle aime 3. Elle n'aime pas
4. Elle n'aime pas 5. Elle aime 6. Elle aime

5 Answers will vary. Suggested answers:
1. orange et noirs 2. marron 3. blancs, gris ou noirs 4. jaunes 5. blanc 6. rouges, orange, jaunes ou verts 7. bleu, gris ou noir 8. violettes

6 Answers will vary.

CONTEXTES: AUDIO ACTIVITIES

1 1. Logique 2. Illogique 3. Illogique 4. Logique
5. Logique 6. Illogique 7. Logique

2 1. b 2. b 3. b 4. a 5. a 6. a

5 1. La vendeuse s'appelle Corinne. 2. Oui, il y a des gants et des sacs à mains dans ce magasin. 3. La dame achète une jupe et un tee-shirt. 4. Non, il n'est pas possible d'acheter des vêtements pour homme dans ce magasin.

LES SONS ET LES LETTRES

4 1. Eugène est un jeune homme sérieux et généreux. 2. Ma sœur est à l'heure à son travail.
3. La vendeuse porte un joli tailleur bleu.
4. Mon ordinateur n'est pas tout jeune, il est vieux.

ROMAN-PHOTO

1 Answers will vary.

2 1. Sandrine 2. Paris 3. Washington 4. robe
5. jupe 6. soie

3 1. St 2. V 3. S 4. R 5. A 6. St 7. S 8. S
9. A 10. R 11. St 12. As 13. As 14. St

4 1. noirs 2. orange 3. grise 4. noir 5. vert
6. rouge 7. rose 8. rouges et jaunes

5 a. 2 b. 5 c. 4 d. 1 e. 3

6 Answers will vary. Suggested answers: 1. Elle prépare un gâteau et d'autres desserts. 2. Elle organise une fête surprise. Elle donne un blouson et des gants à Stéphane. 3. Ils préparent une blague. Ils achètent une montre pour Stéphane.

7 Answers will vary.

STRUCTURES
6B.1

1 1. a 2. d 3. a 4. b 5. c 6. d 7. a 8. b

2 1. *indirect object:* ma sœur *rewritten sentence:* Chaque hiver, je lui envoie un pull par la poste.
2. *indirect object:* none
3. *indirect object:* vendeurs *rewritten sentence:* Nous leur posons des questions.
4. *indirect object:* none 5. *indirect object:* ta mère *rewritten sentence:* Tu lui montres ton nouveau pantalon? 6. *indirect object:* mon père *rewritten sentence:* Je lui donne cette montre pour son anniversaire.

3 1. t' 2. m' 3. t' 4. nous / m' 5. vous 5. m'

4 1. Tu ne me téléphones pas très souvent. 2. Il va nous expliquer le problème. 3. Pourquoi tu ne lui parles pas?/Pourquoi ne lui parles-tu pas?
4. Rodrigue n'aime pas leur prêter de l'argent.
5. Mireille ne lui a pas laissé de pourboire. 6. Je vais te montrer quelque chose.

Cahier de l'élève

5 Answers will vary. Suggested answers: 1. Oui, je leur téléphone une fois par semaine. 2. Non, je ne lui envoie pas de lettres. 3. Non, je ne leur prête pas d'argent. 4. Oui, je lui pose beaucoup de questions.

6 1. Moi 2. toi 3. elle 4. eux 5. lui 6. elles

6B.1: Audio activities

1 1. a 2. b 3. a 4. b 5. a 6. b

6B.2

1 1. oui 2. non 3. non 4. oui 5. oui 6. non

2 Answers may vary. Suggested answers:
1. mis 2. perdu 3. attendu 4. conduit

3 Answers will vary. Suggested answers:
1. met un short 2. mettons un imperméable 3. mettez un jean 4. mettent des gants 5. mets un chapeau 6. mets un maillot de bain

4 1. conduit 2. construisons 3. traduisez 4. réduit 5. construisent 6. détruis 7. conduire 8. produisons/détruisons

5 1. sourions 2. sourient 3. sourit 4. souriez 5. souris

6 Answers will vary.

6B.2: Audio activities

1 1. attendre 2. vendre 3. répondre 4. rendre visite (à) 5. perdre 6. entendre 7. perdre 8. conduire

4 1. rends visite 2. conduis 3. descends 4. attendent 5. entendent 6. sourient 7. perdons 8. promets 9. rendre visite 10. conduisent

PANORAMA

1 1. c 2. b 3. e 4. a 5. d

2 1. Bordeaux 2. Lascaux 3. Nîmes 4. Languedoc 5. Basque 6. cassoulet 7. corridas

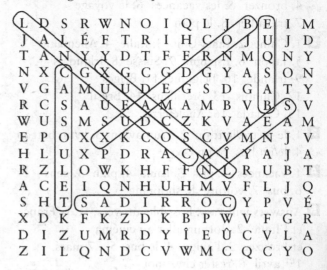

3 1. la cité de Carcassonne 2. les arènes de Nîmes 3. la grotte de Lascaux 4. le canal du Midi

4 1. Henri de Toulouse-Lautrec 2. animaux 3. amphithéâtre 4. Aquitaine 5. Jean Jaurès 6. Méditerranée

5 Answers may vary. Suggested answers: 1. Je t'écris de <u>Toulouse</u>, une ville de la région qu'on appelle Midi-Pyrénées. 2. Pour commencer, jeudi, on va visiter la fameuse grotte de Lascaux, où l'on va apprécier des fresques mystérieuses qui sont vieilles de plus de <u>17.000</u> ans. 3. Vendredi, on va assister à un match de <u>pelote basque</u>. 4. Samedi, on va faire un tour du canal sur Midi et goûter des spécialités de la région, le <u>foie gras</u> et le cassoulet. 5. Et puis dimanche, on va assister à un spectacle musical aux arènes de <u>Nîmes</u>.

Cahier de l'élève

Unité 7

CONTEXTES

1 1. une sortie 2. la station de ski 3. un journal
4. bronzer 5. les vacances 6. le voyage
7. travailler 8. le plan

2 1. Chine 2. États-Unis 3. Italie 4. Allemagne
5. Japon 6. Espagne 7. Suisse 8. Irlandais
9. Irlande 10. Belgique 11. Belges
12. Chinois 13. Brésiliens 14. Brésil
15. Canada 16. Angleterre

3 1. le métro/le train 2. l'/un avion 3. le/un bateau
4. le/un bus 5. un taxi

4 1. vacances 2. pris 3. roulé 4. plan 5. gens
6. bus 7. voiture 8. shopping

5 Answers will vary. Possible answers: 1. la France
et l'Italie 2. dormir, aller au cinéma
et bronzer 3. l'avion 4. le bus 5. 27 mars,
1ᵉʳ avril 6. rester chez moi

CONTEXTES: AUDIO ACTIVITIES

1 1. une station de ski 2. le vol 3. un arrêt de bus
4. la douane 5. l'Europe 6. la valise 7. la Suisse
8. le bureau

2 1. b 2. a 3. a

3 1. V 2. F 3. F 4. V 5. F 6. F 7. F 8. F

LES SONS ET LES LETTRES

4 1. J'habite au Québec parce que j'étudie la
philosophie et la psychologie à l'Université de
Montréal. 2. Quand je fais un séjour à la
Martinique, je prends beaucoup de photos.
3. Claude est à la montagne en Espagne.
4. Théo adore la géographie et l'architecture.
5. Philippe et Laïla prennent un thé au café. 6. Il
y a de beaux livres sur les chiens et les chats dans
cette bibliothèque.

ROMAN-PHOTO

1 Answers will vary.

2 Checked items: 2, 5, 8, 9, 10, 11, 12

3 1. Vrai. 2. Vrai. 3. Faux. 4. Vrai. 5. Faux.
6. Faux. 7. Vrai. 8. Faux.

4 1. valise 2. parents 3. chambre 4. vendredi
5. campagne 6. Paris

5 a. 2 b. 1 c. 6 d. 3 e. 5 f. 4

6 1. Les parents de David sont arrivés jeudi soir.
2. David a passé quatre jours à Paris. 3. Pour

Stéphane, les vacances idéales sont à Tahiti (à la
plage). 4. David a donné des lunettes de soleil à
Stéphane. 5. David pense que Sandrine est
adorable. 6. Sandrine doit faire une réservation.

7 Answers will vary.

FLASH CULTURE

1 Answers will vary.

2 Answers will vary.

3 1. e 2. c 3. a 4. h 5. g 6. f 7. d 8. b

4 a. 2 b. 5 c. 1 d. 6 e. 4 f. 3

5 1. avion, TGV 2. gares, région 3. routière, car
4. autobus, taxi 5. argent, auberges de jeunesse
6. manger, verre, gens

6 Answers will vary.

STRUCTURES

7A.1

1 1. suis 2. a 3. a 4. est 5. a 6. a 7. a 8. est

2 1. sommes; lors des vacances 2. est; à un autre
moment 3. sont; lors des vacances 4. est; lors
des vacances 5. êtes; à un autre moment
6. suis; lors des vacances

3 Answers will vary. Possible answers: 1. Il n'est
pas mort. Il est à l'hôpital. 2. Elle n'est pas
partie. Elle est chez elle maintenant, avec son
mari. 3. Il n'est pas tombé dans un trou. Voilà
Jean-Marie maintenant. Il va bien! 4. Vincent
n'est pas le premier d'une famille de dix enfants.
Il a un frère et une sœur. 5. Samuel n'est pas
sorti avec la copine de Luc. Il est sorti avec
Marie-Lou. 6. Mais si, elle est rentrée très tard,
vers deux heures du matin.

4 1. Joëlle et Olivier/Olivier et Joëlle ne sont pas
encore passés chez nous. 2. Tu as bien fait tes
devoirs. 3. Les élèves sont déjà rentrés de
vacances. 4. Mathilde n'est pas encore sortie de
l'école. 5. Samia a vite appris la leçon.

5 Answers will vary. Possible answers: 1. Je suis
sorti(e) de la maison vers dix heures, ce matin.
2. Je suis arrivé(e) à l'école à onze heures.
3. Oui, je suis passé(e) chez Matthieu. 4. Je suis
resté(e) trente minutes chez lui. 5. Oui, j'ai pris
un sandwich dans un restaurant. 6. Je suis
rentré(e) chez moi à cinq heures hier soir.

7A.1: Audio activities

1 1. avoir 2. être 3. avoir 4. être 5. être 6. avoir 7. être 8. être

4 Answers may vary. 1. Non, Patrick n'est pas fatigué. 2. Magali est sortie avec Louis. 3. Ils sont allés dans une boîte de nuit à St Germain. 4. Magali a rencontré des copains./Magali est tombée sur des copains. 5. Ils ont dansé tous ensemble, puis ils sont allés manger des croissants au Café de la Gare. 6. Magali est rentrée chez elle à trois heures du matin.

7A.2

1 1. vous 2. m' 3. t' 4. vous 5. t' 6. l'

CONTEXTES

1 1. l'ascenseur 2. le client 3. la cliente 4. la clé 5. l'hôtelier 6. la chambre

2 1. Faux. 2. Faux. 3. Vrai. 4. Vrai. 5. Faux. 6. Vrai. 7. Faux. 8. Faux.

3 Answers may vary. Suggested answers: Ce matin, Charles est passé par une agence de voyages pour faire des réservations. Un <u>agent de voyages</u> très sympa l'a aidé à organiser le voyage. Pour commencer, ils ont trouvé des billets aller-retour Paris-Nice et ils les <u>ont réservés</u>. Puis, l'agent a téléphoné à des hôtels à <u>Nice</u> pour demander s'il y avait des chambres <u>libres</u> pour son client et il a fait une réservation pour une chambre individuelle à l'hôtel Matisse. Après, Charles a demandé le numéro de téléphone de <u>l'hôtel</u> et l'agent le lui a donné. Finalement, Charles est reparti très content. Une semaine à Nice!

4 1. Avant 2. Pendant 3. Tout de suite/Tout à coup/Ensuite/Puis 4. puis 5. Après 6. d'abord 7. tout à coup 8. Finalement

5 1. dixième 2. rez-de-chaussée 3. quarante-septième; quarante-huitième 4. vingt et unième 5. vingt-sixième 6. vingt-cinquième 7. dix-neuvième 8. premier 9. vingt-quatrième 10. quarante-troisième

CONTEXTES: AUDIO ACTIVITIES

1 1. le restaurant 2. la réception 3. passager 4. un ascenseur 5. chanter 6. un étage 7. un lit 8. le passager

2 Answers will vary. Suggested answers: 1. le cadeau 2. les devoirs 3. les livres 4. l'écharpe 5. les baskets 6. la maison

3 1. Nous préférons les faire mercredi matin. 2. On ne va pas le visiter quand on est à Nice? 3. Au Café Grenoblois, on va l'essayer. 4. Il faut le regarder pour notre cours de français. 5. Vous aimez le fréquenter, mademoiselle?

4 1. d 2. h 3. b 4. a 5. g 6. c 7. e 8. f

5 1. s 2. es 3. e 4. (*no ending*) 5. e 6. (*no ending*)

7A.2: Audio activities

1 1. a 2. b 3. b 4. a 5. a 6. b 7. b 8. a

2 1. F 2. F 3. V 4. F 5. F 6. V 7. F 8. F

3 1. auberges de jeunesse 2. chambres 3. lits 4. en vacances 5. réservations 6. réception 7. étages 8. ascenseur

LES SONS ET LES LETTRES

4 1. Attention! Vous avez une mission importante. 2. Il est médecin? Ça c'est une profession utile. 3. Garçon! L'addition, s'il vous plaît. 4. Christine a fait des réservations. 5. De quelle nationalité est Sébastien? 6. Christian est patient et il cherche tous les mots nouveaux dans son dictionnaire.

ROMAN-PHOTO

1 Answers will vary.

2 1. a 2. c 3. b 4. c 5. c

3 1. 143 € 2. 171 € 3. 39 €

4 1. S 2. S 3. A 4. A 5. S

5 1. b 2. b 3. a 4. c

6 Answers may vary slightly. 1. Elle a envie d'aller à Albertville. 2. Les chambres sont trop chères. 3. Sandrine a besoin de réfléchir/penser. 4. Amina fait une réservation pour Sandrine. 5. Pascal téléphone à Sandrine parce qu'il ne va pas à Albertville. 6. Sandrine est fâchée parce que Pascal a annulé pour Noël.

7 Answers will vary.

Answers to **Cahier de l'élève**   **39**

Cahier de l'élève

STRUCTURES

7B.1

1. 1. mal 2. intelligemment 3. généreusement 4. discrètement 5. activement 6. méchamment 7. dernièrement 8. vite

2. 1. franchement 2. constamment 3. couramment 4. joliment 5. absolument 6. souvent 7. activement 8. rapidement

3. 1. Est-ce que vous parlez français fréquemment? Oui, je parle français tous les jours. 2. Étudiez-vous avec vos amis à la bibliothèque? Oui, j'étudie de temps en temps, avec mes amis, à la bibliothèque. 3. Est-ce que vous étudiez sérieusement pour l'examen? Oui, j'étudie très sérieusement pour l'examen. 4. Avez-vous facilement trouvé un hôtel? Oui, j'ai vite trouvé un hôtel. 5. Faites-vous fréquemment la fête avec vos voisins? Non, je fais rarement la fête avec mes voisins. 6. Prenez-vous toujours la chambre à côté de l'ascenseur? Oui, je prends souvent la chambre à côté de l'ascenseur.

4. 1. nerveusement 2. vraiment 3. indépendamment 4. mal 5. bien 6. impatiemment

5. 1. récemment 2. difficilement 3. Malheureusement 4. rarement 5. modestement 6. fréquemment 7. vraiment 8. bien

7B.1: Audio activities

1. 1. a 2. c 3. c 4. a 5. b 6. c

7B.2

1. 1. étions 2. avait 3. finissaient 4. allaient 5. étudiais 6. travaillait 7. était 8. parlions 9. disaient 10. fallait 11. avaient 12. pensaient

2. 1. faisions une randonnée 2. dormais 3. travaillait 4. skiions 5. allait à la pêche 6. apprenais 7. pleuvait, regardais un film 8. passais, bavardions

3. 1. mangeais 2. buvais 3. étudiais 4. écrivais 5. nageais 6. jouais au basket 7. faisais du vélo 8. jouais de la guitare

4. 1. Maintenant, j'étudie le français. Avant, j'étudiais l'économie. 2. Maintenant, je parle le français et l'espagnol. Avant, je parlais seulement le français. 3. Maintenant, je suis travailleur/travailleuse. Avant, j'étais paresseux/paresseuse. 4. Maintenant, je fais des randonnées. Avant, je patinais. 5. Maintenant, j'ai envie de connaître le Sénégal. Avant, j'avais peur de voyager. 6. Maintenant, je pense que le Sénégal est un pays intéressant. Avant, je pensais que le Sénégal était un pays comme les autres. 7. Maintenant, je paie mes études. Avant, mes parents payaient mes études. 8. Maintenant, je finis l'année universitaire en mai. Avant, je finissais l'année universitaire en juin.

7B.2: Audio activities

1. 1. a 2. b 3. c 4. a 5. b 6. c 7. a 8. b 9. c 10. b

PANORAMA

1. 1. d 2. f 3. b 4. a 5. c 6. e

2. Answers will vary. Suggested answers: 1. À Grasse, on cultive les fleurs pour la parfumerie française. 2. Les touristes adorent la promenade des Anglais à Nice. 3. Chaque année, en mai, il y a le Festival International du Film à Cannes. 4. La ville de Grenoble permet d'accéder aux grandes stations de ski alpines. 5. En Camargue, il y a des chevaux blancs, des taureaux noirs et des flamants roses. 6. À Avignon, les touristes visitent le palais des Papes.

3. 1. Faux. 2. Vrai. 3. Faux. 4. Faux. 5. Vrai. 6. Vrai. 7. Vrai. 8. Faux.

4. 1. L'agriculture/La parfumerie 2. Moyen Âge 3. violette, lavande, rose 4. Molinard

5. 1. Avignon 2. Marseille 3. Grasse 4. Grenoble 5. Nice 6. Cannes

6.

1. gardians 2. flamant rose 3. taureaux 4. blanc

Unité 8

CONTEXTES

1 1. le balcon 2. la chambre 3. la cuisine 4. le salon 5. la lampe 6. le garage 7. le jardin 8. le fauteuil 9. le rideau 10. l'étagère

2 1. emménager 2. loyer 3. les appartements 4. le sous-sol 5. deux salles de bains 6. le jardin 7. un garage 8. le tiroir

3 1. emménager 2. déménages 3. chambre 4. étagères 5. armoire 6. balcon 7. salle à manger 8. louer

4 1. Elle est dans la cuisine. 2. Il est dans la chambre. 3. Ils sont dans la chambre/le salon/la salle de séjour. 4. Il est dans le garage. 5. Il est dans la cave/au sous-sol. 6. Il est dans la salle de bains. 7. Vous êtes dans le salon/la salle de séjour/la salle à manger. 8. Nous sommes dans le jardin.

CONTEXTES: AUDIO ACTIVITIES

1 1. b 2. f 3. d 4. c 5. a 6. e

2 1. le fauteuil 2. les toilettes 3. la baignoire 4. le mur 5. le balcon 6. le garage 7. le quartier 8. l'étagère

3 1. I 2. L 3. L 4. I 5. I 6. I 7. L 8. L

LES SONS ET LES LETTRES

4 1. Ce sont trois hommes très élégants. 2. Dans son salon, elle a un très beau tapis. 3. La salle à manger est assez grande pour ses/ces invités. 4. Susanne a besoin de louer un studio dans une résidence universitaire. 5. Cette grosse femme rousse est une chanteuse remarquable. 6. Ce spectacle est amusant et intéressant.

ROMAN-PHOTO

1 Answers will vary.

2 Checked items: 2, 4, 5, 7, 9, 10, 11

3 1. la salle à manger 2. la cuisine 3. la chambre 4. la salle de bains 5. le salon/la salle de séjour

4 1. R 2. D 3. R 4. R 5. R 6. D

5 1. visiter 2. salle à manger 3. pièce 4. cuisine 5. chambre 6. belle

6 Answers will vary.

7 Answers will vary.

FLASH CULTURE

1 Answers will vary.

2 Answers will vary.

3 a. 5 b. 4 c. 3 d. 2 e. 1

4 a. 5 b. 4 c. 1, 2 d. 2 e. 3

5 1. vieille ville, quartier, résidences, logements 2. banlieue, maisons, moderne

6 Answers will vary.

STRUCTURES

8A.1

1 1. a 2. b 3. a 4. b 5. a 6. a 7. b 8. a 9. b 10. b

2 1. est sortie 2. sommes allés 3. as aimé 4. était 5. avez fait 6. avait 7. a décidé 8. a commencé 9. sommes rentrés 10. ai préparé

3 1. sont arrivés en retard 2. a acheté des vêtements 3. mangeait beaucoup 4. faisiez de la gym 5. n'ai pas pris de boisson 6. commandions une salade

4 1. étais 2. faisait 3. allions 4. aimais 5. n'était pas 6. ne prenait pas 7. sommes arrivés 8. a commencé 9. avons passé 10. ai eu 11. ne suis pas venu

8A.1: Audio activities

1 1. b 2. a 3. a 4. c 5. b 6. b 7. a 8. c 9. b 10. c

2 1. a 2. b 3. a 4. a 5. b 6. a

8A.2

1 1. J'ai vécu en Angleterre 2. Ils faisaient de l'aérobic 3. tu allais rarement en banlieue. 4. les femmes ont eu peur. 5. vous avez bu du café au petit-déjeuner. 6. David ne payait pas le loyer à la propriétaire. 7. nous étudiions dans le salon. 8. ma tante est descendue au sous-sol.

2 1. sont allés; avait 2. est restée; était 3. neigeait; est allé 4. ont beaucoup mangé; avaient 5. sont rentrées; nettoyais 6. attendions; a parlé

3 1. regardait la télé. 2. attendions le bus. 3. ont mangé de la glace/une glace. 4. faisais du cheval. 5. avez nettoyé la table. 6. étudiaient à la bibliothèque.

Cahier de l'élève

4 1. prenaient 2. partait 3. est allée 4. est rentrée 5. lisait 6. faisaient 7. est venue 8. bavardaient 9. a remarqué 10. était 11. est vite allé chercher 12. a appelé 13. avaient 14. sont arrivés 15. est parti

8A.2: Audio activities

1 1. b 2. a 3. b 4. b 5. a 6. b

4 1. Faux. 2. Vrai. 3. Vrai. 4. Vrai. 5. Faux. 6. Vrai.

CONTEXTES

1 1. salir 2. enlever la poussière 3. faire le ménage 4. un frigo 5. un oreiller 6. une tâche ménagère 7. un balai 8. un sèche-linge

2 1. Il passe l'aspirateur. 2. Il fait le lit. 3. Il sort la poubelle. 4. Elle balaie.

3 1. c 2. b 3. b 4. b 5. c 6. a 7. c 8. b

4 1. passer l'aspirateur 2. oreiller 3. ranger 4. balayer 5. sortir la poubelle 6. sèche-linge 7. propre 8. congélateur 9. cafetière 10. débarrasser 11. essuyer 12. fer à repasser
Words with accents to be written out:
6. sèche-linge 8. congélateur 9. cafetière 10. débarrasser 12. fer à repasser

5 Answers will vary.

CONTEXTES: AUDIO ACTIVITIES

1 1. Illogique 2. Logique 3. Logique 4. Illogique 5. Illogique 6. Logique 7. Illogique 8. Illogique

3 (Answers may vary) 1. Non, les amies de Julie ne l'ont pas aidée à ranger la cuisine. 2. Dans l'évier, il y a de la vaisselle sale. 3. Il y a un balai, un aspirateur, un grille-pain, une table à repasser et un fer à repasser. 4. Julie a fait la vaisselle, elle a passé l'aspirateur, elle a rangé le grille-pain, la table à repasser, le balai et l'aspirateur. Elle a nettoyé l'évier et elle a sorti la poubelle.

LES SONS ET LES LETTRES

4 1. Hier soir, Antoine est rentré chez lui à minuit.

2. Aujourd'hui, c'est l'anniversaire de Mathieu.

3. Nous avons besoin de finir de faire la vaisselle et de balayer la cuisine.

4. Louis va travailler en Suisse pour la première fois.

Leçon 8B

5. Grégoire aime beaucoup jouer avec ses trois chiens.

6. Damien n'est pas brillant et il a échoué à son examen d'histoire.

ROMAN-PHOTO

1 Answers will vary.

2 Checked items: 1, 2, 3, 5, 8, 9, 10, 12

3 1. c 2. a 3. b 4. c 5. a 6. c

4 1. c 2. a 3. d 4. b 5. e

5 1. St 2. St 3. V 4. M 5. X 6. X 7. M 8. M

6 Answers will vary. Possible answers: 1. Sandrine est de mauvaise humeur parce que c'est fini entre Pascal et elle. 2. Amina a de la chance parce qu'elle a son cyberhomme. 3. Elle pense à David, parce qu'Amina dit qu'il est américain.

7 Answers will vary.

STRUCTURES

8B.1

1 1. balayais 2. a balayé 3. faisais le ménage 4. a fait le ménage 5. a mis la table 6. mettaient la table 7. rangeais 8. a rangé 9. ont sorti la poubelle 10. sortait la poubelle

2 Answers may vary. Suggested answers: 1. a passé l'aspirateur 2. nettoyait sa chambre 3. sortait la poubelle 4. a balayé 5. faisait du vélo dans le parc 6. a fait la cuisine

3 1. suis rentré 2. faisait 3. neigeait 4. était 5. passait 6. ai demandé 7. a dit 8. étais 9. fallait 10. ont aidés

4 1. Que faisait M. Ibrahim quand M. Dupont a sorti la poubelle à 9h00? M. Ibrahim était dans la cuisine. Il nettoyait l'évier. 2. Que faisiez-vous quand votre sœur est sortie avec ses amis? J'étais dans le salon. Je repassais le linge. 3. Que faisait M. Dubois quand M. Traoré est allé au cinéma? M. Dubois était dans la bibliothèque. Il lisait. 4. Que faisait Mlle Christophe quand Mlle Mojon est partie pour le gymnase? Mlle Christophe était dans sa chambre. Elle faisait la poussière. 5. Que faisait Mme Rodier quand M. Rodier a balayé le garage pour la première fois? Mme Rodier était dans le salon. Elle rangeait les magazines. 6. Que faisait Mme Fossier quand sa fille a rapidement essuyé la table? Mme Fossier était dans le garage. Elle faisait la lessive. 7. Que faisait M. Ardan quand son fils est rentré? M. Ardan était dans la cuisine. Il balayait. 8. Que faisait M. Hassan quand sa femme a quitté la résidence? M. Hassan était dans la salle de bains. Il lavait la baignoire.

5 1. étais 2. rendais 3. ai passé 4. faisait 5. avons décidé 6. était 7. n'avons pas tout visité 8. n'avions pas 9. sommes allés 10. sommes rentrés

8B.1: Audio activities

1 1. I, PC 2. I, PC 3. PC, I 4. I, I 5. PC, PC 6. I, PC 7. I, PC 8. PC, I

3 1. Faux. 2. Vrai. 3. Faux. 4. Vrai. 5. Faux. 6. Vrai. 7. Vrai.

8B.2

1 Answers may vary. Suggested answers: 1. ne sait pas où il est. 2. ne connaît pas les maths. 3. sait nager. 4. le connaît. 5. sait faire la cuisine. 6. savent jouer aux échecs.

2 1. sait 2. sait 3. sais 4. connaissez 5. savent 6. sait 7. connais 8. connaissons

3 1. Chuyên connaît mon copain, Marc. 2. Mon frère sait conduire. 3. Je connais le garage où il gare sa voiture. 4. Marc connaît le propriétaire du garage. 5. Le propriétaire du garage sait parler français et vietnamien. 6. Chuyên connaît le centre franco-vietnamien. 7. Je sais nager. 8. Nous connaissons Tûan.

4 1. connaissais 2. savais 3. connaissais 4. savais 5. savait 6. connaissais 7. savais 8. connaissais 9. savais 10. connais

5 1. savez 2. connaissez 3. ai connu 4. connais 5. reconnaît 6. savais 7. sais 8. connais

8B.2: Audio activities

1 1. b 2. a 3. b 4. b 5. a 6. b

4 1. Faux. 2. Vrai. 3. Vrai. 4. Vrai. 5. Faux. 6. Vrai.

PANORAMA

1 1. Albert Schweitzer 2. la choucroute 3. Jeanne d'Arc 4. la place Stanislas

2 1. 1412, 1431 2. 1920 3. 1429 4. 1949 5. 1979 6. 1678 7. 1952 8. 1919

3 1. avait 2. a décidé 3. a pris 4. a libéré 5. ont vendu 6. était 7. ont condamnée 8. étaient 9. a rendu

4 Answers may vary slightly. Suggested answers: 1. L'Alsace produit du vin et de la bière. 2. Auguste Bartholdi est le sculpteur de la statue de la Liberté. Il est originaire d'Alsace. 3. La place Stanislas est la grande place pittoresque de Nancy. 4. L'Alsace et le département de la Moselle ont changé de nationalité quatre fois depuis 1871. 5. La choucroute est un plat typiquement alsacien. Son nom vient de l'allemand «sauerkraut». 6. La choucroute se conserve longtemps grâce à la fermentation. 7. La langue alsacienne vient d'un dialecte germanique. 8. Le Parlement européen contribue à l'élaboration de la législation européenne et à la gestion de l'Europe.

5 1. Vrai. 2. Faux. Georges de La Tour est un peintre du 17e siècle. 3. Faux. Patricia Kaas est une chanteuse originaire de Lorraine. 4. Vrai. 5. Faux. La choucroute est fermentée avec du gros sel et des baies de genièvre. 6. Vrai. 7. Vrai. 8. Faux. La langue alsacienne est enseignée aujourd'hui dans les écoles primaires.

Cahier de l'élève